C'est-à-dire

C'est-à-dire

Edward C. Knox | Carol de Dobay Rifelj

Middlebury College

HARCOURT BRACE JOVANOVICH, INC.

New York   San Diego   Chicago   San Francisco   Atlanta

London   Sydney   Toronto

Preface

This manual is designed to increase the student's active command of conceptual and abstract French.

The authors are convinced, from several years of experience at the intermediate and advanced levels, that a disproportionate emphasis is often placed on naming vocabulary, those words that allow the student to refer to concrete objects. While the importance of such words should not be minimized, it is at least as important that the student be able to articulate the notions and relationships that must surround these words in any meaningful utterance.

We have arranged this abstract vocabulary by concept or perspective (*champs notionnels*). The expressions that compose each notion are presented with reference to a specific context so that the differences among the various expressions will be as clear as possible. Each section is accompanied by exercises designed to develop the student's active command of these words and constructions, helping him or her to recognize shades of meaning and to master the syntactic variations that changes in meaning entail.

The first part of the manual is a condensation of the major notional fields. It corresponds roughly to the third- or fourth-semester course at the college level, and usually should be completed before going on to the second part. Once the basics covered in Part I are in place, however, the student may proceed in any order.

We could not include all the expressions a student may need for the variety of things he or she may wish to say, but we do feel that everything included here is useful and worthwhile. The mastery of these expressions will greatly increase the accuracy and authenticity of a student's French. *Ce n'est pas peu dire.*

Preparation of *C'est-à-dire* has spanned several years, and a large number of avatars. It gives us pleasure to thank publicly the generations of Middlebury students who struggled with its earlier versions, and those whose advice and efforts helped it reach its present form: Gretchen Amussen, Roberta Benotti, Ann DeRosa Byrne, Kathleen Kent Finney, Claudie Fischer, Sophie N. Gendrot, Huguette Knox, Beverly J. Keyes, Françoise Ripoche, Cecilia Stone. Special thanks for close reading and constructive criticism go to Mireille Belloni and Yvonne Rochette-Ozzello.

E. C. K.
C. D. R.

Using C'est-à-dire

Because this manual is a *répertoire*, we recommend that it be used in conjunction with other teaching materials. And because of its lexical emphasis, with grammatical explanations limited to their importance for questions of meaning and nuance, it should not be used in place of a review grammar. At the same time, because it is a bridge between "pure" grammar on the one hand and ideas on the other, there is more than one way to use *C'est-à-dire*.

The first part of the book, "Dire," includes those terms and constructions necessary to express any of the basic relations between concepts, things, or people, as well as personal opinion, judgment, goals, and activity: in other words, the fundamental grammatical and lexical tools of the French language. Once students have mastered these essentials, the second part, "C'est-à-dire," aims at developing greater variety and precision in their French. While Part I can serve as a text for an intermediate-level course, Part II can be used in the second semester of that course or for advanced composition and conversation, as well as for courses in stylistics, translation, or literature.

The grammatical points particularly relevant to each section of Part I are shown in brackets in the table of contents, and they are covered in the exercises of that section. This *concordance* makes possible the integration of this text into a grammar review or vice versa. A grammar book can help students understand problems involved in the use of expressions in *C'est-à-dire*, while this book permits not only a reinforcement of grammar points but their integration into students' own use of the language.

Part II, "C'est-à-dire," includes a *rappel* of the expressions from "Dire," and these expressions are included in the exercises. In both parts, exercises range from familiar types to models specially designed to facilitate production of correct sentences through active use of the new notional vocabulary. The exercises may be reviewed collectively in class or torn out and handed in for correction by the instructor. We have also sought to make the final exercise in each section relatively more open-ended in the hope that it will lead the class toward more authentic *situations de communication*. These questions or problems may be used as written exercises, expanded into compositions, or prepared for in-class discussion or role-playing.

A section of *C'est-à-dire* can also be used in conjunction with literary texts, magazine articles, films, or tapes, to help students structure or expand their response to a theme or passage. The instructor may coordinate such materials with related sections of the text: thus, an article comparing life in France with life in the United States might be assigned with IV.A, "Comparer," or IV.B, "Ressemblance et différence." Further, the text can provide a setting in which to review a troublesome expression on the spot, through exercises and through other terms relevant to the same situation. The *Lexique* serves as both a glossary and an index, helping students and instructors to find appropriate expressions in the text. Finally, the book's reference dimension allows students to consult it independently outside class, developing vocabulary in more systematic fashion than is usually the case. We would simply stress the importance of linking a given lesson to a context, be it a grammatical point, a mistake by a student, a frustrated personal expression, or a turn of phrase in a passage being studied. The illustrative materials (headlines from *Le Monde* and *Le Figaro* and a selection of advertisements) represent actual day-to-day use of the expressions covered in each section.

Fully as important as context in *C'est-à-dire* is reusing expressions. The exercises are designed to help students acquire active mastery (many of the expressions are probably already familiar and pose few problems of passive mastery, or recognition). But, beyond that, instructors must ensure that one, two, or three weeks later students still have active command of expressions already learned. One important way is for students to have *C'est-à-dire* with them for each class, allowing for spot checks and comparisons. The other classic mode of verification is, of course, testing, and we consider frequent testing essential to the successful acquisition of vocabulary. It need not, however, take the form of a class-long written examination. Indeed, we believe instructors would be well advised to set aside five or ten minutes of each class for questions and answers putting the vocabulary to use, or for rapid quizzing on particular expressions. For example, the terms can be selected at random from a card file to which the instructor has added the expressions already studied; the students can then be asked to use the terms in sentences, develop equivalent or contrary expressions, vary their intensity, use two or three to create a brief passage or vignette, and so on. In this way, the text can become a kind of active thesaurus.

If our own experience is any guide, *C'est-à-dire* will help students to make of their French an instrument of personal expression. It is of course a never-ending process, and we welcome reactions and suggestions from those who use it. In the meantime, *il faut bien commencer quelque part . . .*

Table des Matières

Tableau des abréviations

ADJ	adjectif
COND	conditionnel
FAM	familier
FUT	futur
FUT ANT	futur antérieur
IMPARF	imparfait
INDIC	indicatif
INFIN	infinitif
MASC	masculin
N	un chiffre ou un nombre
NEG	négatif
PART PRES	participe présent
PASSE COMP	passé composé
PASSE SURCOMP	passé surcomposé
PLUS-QUE-PARF	plus-que-parfait
qqch.	quelque chose
qqn	quelqu'un
SUBJ	subjonctif

Les expressions à sens et construction similaires sont reliées par des virgules; les points-virgules marquent des nuances ou des différences de syntaxe. / sépare des expressions à sens contraire ou inverse, et marque des variations d'intensité.

Une majuscule au début d'une expression signifie que cette expression figure d'habitude au début de la phrase.

Les fautes de français données à titre d'exemple sont marquées ainsi: ———

I Dire

les bases de l'expression en français

I · Présentation et référence A B C

un livre

A. Le sujet

1. s'appeler, comment s'appelle ...

Comment s'appelle le personnage principal de *L'Etranger?* —Il *s'appelle* Meursault.

2. que veut dire qqch.?

Que veut dire L'Etranger? —Cela *veut dire* "foreigner, stranger" en anglais.

3. comment dit-on qqch.?

Comment dit-on "novel" en français? —En français *on dit* "roman".

4. il s'agit de qqch.; de quoi s'agit-il?

De quoi s'agit-il dans ce livre? —Dans ce livre, *il s'agit d'*un homme différent des autres.

5. quel / lequel / qui / que?

Quelle est la scène que tu préfères? —La scène sur la plage.
Lequel des romans préfères-tu? —Je préfère *L'Etranger.*
Qui est l'auteur? —C'est Albert Camus qui est l'auteur.
Que penses-tu du livre? —C'est un livre extraordinaire.

6. pourquoi ... ? / parce que

Pourquoi as-tu lu le livre? —Je l'ai lu *parce qu'*on m'a dit qu'il était intéressant.

B. La structure

1. la partie / le tout

Est-ce qu'il y a des *parties* du livre qui sont meilleures que d'autres?
—Pas vraiment. Le *tout* est absolument passionnant.

2. le niveau

Le niveau du style de l'auteur est très élevé.
C'est un livre qui vous touche à *un niveau* très profond.

C. Appartenance et inclusion

1. tous, toutes, tous les, toutes les + NOM / aucun(e) . . . ne . . .

> Est-ce que *tous les* étudiants l'ont lu? —Non, pas *tous*.
> *Aucun* membre de ma famille *ne* s'y intéresse. —*Aucun?* —Non, *aucun*.

2. tout le monde / personne . . . ne . . .

> *Tout le monde* peut le comprendre.
> *Personne ne* peut dire qu'il n'est pas important.

3. beaucoup de / peu de + NOM

> *Beaucoup d'*étudiants voudraient le lire mais il intéresse *peu de* professeurs.

4. la plupart des + NOM et VERBE au pluriel; de mes, ces, etc. + NOM et VERBE au pluriel

> *La plupart des* lecteurs vont adorer ce livre.
> *La plupart de mes* amis l'ont déjà lu.

5. sauf + NOM   (*il y a cette exception*)

> Tous mes amis l'ont lu *sauf* Jean-Pierre.

6. aussi / ne . . . pas non plus

> Jean-Pierre voulait le lire *aussi?* —Oui, Jean-Pierre aime ce genre de livre.
> Mais il ne l'a pas acheté, et moi *non plus*.

notes

- Vérifier la forme des constructions (A.1) pour éviter des formules incorrectes et qui n'existent pas en bon français, comme "~~qu'est-ce que s'appelle~~" et "~~qu'est-ce que c'est le titre~~".

- **Il s'agit de** (A.4) est impersonnel et a toujours pour sujet **il:** "Il s'agit dans ce livre de . . .".

- **Quel** et **lequel** (A.5) s'accordent en genre: **quelle, laquelle,** et en nombre: **quel(le)s, lesquel(le)s.**

- La préposition **à** précède **niveau** (B.2). Ce mot indique la profondeur et l'importance.

- Le s de **tous** (C.1) ne se prononce pas quand il s'agit de l'adjectif: "Tous les étudiants l'ont lu?" mais se prononce quand **tous** fonctionne comme pronom: "Tous l'ont lu? —Non, pas tous".

- **Tout le monde** est suivi d'un verbe au singulier. **Personne** est accompagné de **ne** (C.2).

- **Beaucoup de** et **peu de** (C.3) expriment une idée de quantité, sans préciser. **Beaucoup des** et **peu des** indiquent une quantité dans un ensemble qui est qualifié par **de** + NOM ou par une proposition relative introduite par **que, dont** ou **lequel / laquelle.**

  > *Beaucoup (peu) d'*étudiants voudraient le lire.

  mais: *Beaucoup (peu) des* étudiants de mon université voudraient le lire.
  Beaucoup (peu) des étudiants que je connais voudraient le lire.

- **La plupart** (C.4) est suivi par **des** (ou par **de** + **mes, tes, ces,** etc.) + NOM au pluriel, et le verbe est au pluriel.

  > *La plupart* des lecteurs ont aimé ce livre.
  > *La plupart* de mes amis l'ont déjà lu.

  Une exception assez fréquente: la plupart

du temps (dire plutôt: le plus souvent, d'habitude).

- Le plus souvent, **sauf** + NOM (C.5) vient à la fin de la phrase. Pour insister sur l'exception en l'indiquant au début de la phrase, utiliser **à part** + NOM.

Tout le monde est venu *sauf* mon père.

A part mon père, tout le monde est venu.

Quand toute l'actualité est à gauche, le Nouvel Observateur est le mieux informé.

Participez à tous les grands courants de pensée et d'action en suivant dans le Nouvel Observateur ceux qui vous donnent chaque semaine les informations les commentaires et les analyses que vous ne trouvez nulle part ailleurs.

EXERCICES

I. Formuler deux questions, employant: (1) la forme correcte de **quel** et (2) la forme correcte de **lequel.**

    modèle   Je veux voir un film.
                 Quel film voulez-vous voir?
                 Lequel voulez-vous voir?

   1. Georges a préféré la deuxième partie.

   2. Il a aimé certains des personnages.

   3. Dans les films français, il s'agit de politique.

   4. C'est le niveau de la critique sociale qui est important.

II. Formuler des questions d'après les réponses suivantes, en employant **qui, que, quel** ou **lequel.**

    modèle   Suzanne veut que vous l'aidiez avec son travail.
                 Que veut Suzanne?

   1. Je n'ai pas fait grand-chose la semaine dernière; je suis allé au cinéma.

   2. J'ai emmené Michel avec moi.

   3. Nous avons vu *La Grande Illusion* et *Les 400 Coups.*

   4. J'ai préféré *La Grande Illusion,* et Michel aussi.

   5. Il a dit qu'il aime mieux les vieux films.

   6. J'ai trouvé les meilleures places de la salle.

   7. Après? Nous sommes allés au café.

   8. Au Café de l'Univers.

   9. Là, nous avons vu Lisa, Suzanne, et Denise.

  10. C'est Suzanne qui est la plus intelligente.

III. Poser une question en employant **que veut dire** at puis répondez-y.

modèle   pièce: *Que veut dire* (le mot) "pièce"?
             "Pièce" *veut dire* une oeuvre dramatique.

  1. acteur

  2. roman

  3. scène

  4. tragédie

IV. Poser une question en employant **comment dit-on** et puis répondez-y.

  modèle   play: *Comment dit-on* "play" (en français)?
               "Play" *se dit* "pièce".

  1. actor

  2. plot

  3. masterpiece

  4. symbolic level

V. Ecrire des phrases exprimant le contraire des mots en italique.

  modèle   Nous n'y sommes pas allés. Georges n'y est pas allé *non plus*.
               Nous y sommes allés, et Georges *aussi*.

  1. *Tous* les étudiants y sont allés.

  2. J'y suis allée *aussi*.

  3. *La plupart* des étudiants de la classe y sont allés.

  4. *Une partie* de la classe y est allée.

  5. *Peu des* étudiants de cette classe y sont allés.

  6. *Tout le monde* y est allé.

VI. Insérer **de** ou **des**.

  modèles   Beaucoup *de* livres sont chers.
                Beaucoup *des* livres sur cette table sont chers.
                Beaucoup *des* livres qu'il a achetés sont chers.

  1. J'ai lu beaucoup _____ romans.

  2. Beaucoup _____ romans sont écrits à la troisième personne.

3. Beaucoup _____ romans que j'ai lus sont à la troisième personne.

4. Il a beaucoup _____ livres rares dans sa bibliothèque.

5. Beaucoup _____ livres qu'il possède sont en mauvais état.

6. Peu _____ gens peuvent acquérir une telle bibliothèque.

7. La plupart _____ gens sont trop pauvres.

8. La plupart _____ ses livres coûtent plus de vingt dollars.

9. Aucun _____ étudiants ici ne les a lus, sauf moi.

10. Beaucoup _____ étudiants de cette classe ne veulent pas les lire.

VII. Ecrire un paragraphe au sujet d'un film, en employant les mots et expressions suivants: **il s'agit de, le tout, le niveau, tous, beaucoup, la plupart, parce que.**

IBM France.
Tout le monde sait ce que nous faisons mais certains ignorent qui nous sommes.

I · Présentation et référence D E F

la bicyclette

D. La fonction

1. servir à + INFIN *(avoir comme fonction ou but)*

La bicyclette *sert à* aller d'un endroit à l'autre, mais aussi *à* faire de l'exercice.

2. permettre à qqn **de + INFIN**

Elle *me permet de* faire des économies et *de* rester en bonne forme.

3. employer qqch.; **se servir de** qqch.

Personnellement, je préfère *employer* ce moyen de transport, mais je *me sers* aussi *de* ma voiture quelquefois.

4. fonctionner; marcher

Il est important qu'une machine *fonctionne* bien.
Tu ne prends pas ta bicyclette aujourd'hui? —Non, le frein ne *marche* pas.

E. Degré et fréquence

1. toujours / d'habitude / quelquefois / rarement / ne . . . jamais

D'habitude je vais à l'école à bicyclette, et *quelquefois* je vais même en ville à bicyclette. Mais je prends *rarement* ma bicyclette quand il pleut et je ne la prends *jamais* quand il neige.

2. entièrement / en partie / presque / ne . . . pas du tout

Certains de mes amis font leurs courses *entièrement* à bicyclette. Moi, je les fais *en partie* à bicyclette mais je n'aime *pas du tout* aller au supermarché à bicyclette. C'est *presque* toujours très difficile.

3. tous les jours, semaines, etc. *(chaque)*

Je sors à bicyclette *tous les* jours (*tous les* dimanches, *toutes les* semaines) pour faire de l'exercice.

4. N fois sur N

Quand je dois sortir, quatre *fois sur* cinq je prends ma bicyclette.
Mon ami n'aime pas l'effort: neuf *fois sur* dix il prend sa voiture.

F. Suffisance et manque

1. **assez / trop / trop peu de** + NOM ... **pour** faire qqch.

> Je n'ai pas *assez* d'énergie *pour* aller toujours à bicyclette.
> Il dit qu'il a *trop de* choses à faire *pour* prendre sa bicyclette, mais moi, je crois qu'il a *trop peu* d'énergie.

2. qqch. **manque à** qqn; qqn **manque de** qqch. (*n'avoir pas*)

> Faire mes courses à bicyclette? Le courage *me manque*.
> Pédaler pendant des kilomètres? Je *manque de* courage.

3. qqch. **suffit à** qqn; qqch. est **suffisant / insuffisant**

> Comme exercice, le tennis *me suffit*.
> J'ai ma voiture, cela *me suffit*.
> Je trouve le tennis amplement *suffisant* comme exercise.
> Mais le golf est *insuffisant*.

notes

- Distinguer entre **servir à** (D.1), qui prend l'infinitif et indique le but de l'utilisation; et **se servir de** (D.3), qui prend le nom et indique la simple utilisation.

- **Servir à** (D.1) apparaît souvent dans des questions du type: "**A quoi sert** qqch.?" On répond normalement par l'infinitif: "Cela sert à faire, etc." Mais on dit aussi: "Cela ne sert à rien".

  > *A quoi sert* une bicyclette? —Ma bicyclette me *sert* maintenant *à* faire toutes sortes de choses; ma voiture *ne* me *sert* donc presque *à rien*.

- Distinguer entre **fonctionner** et **marcher** (D.4). Tous les deux indiquent le fonctionnement d'un mécanisme ou d'un organe, mais le premier est plus abstrait et théorique, dans le sens de "remplir des fonctions". Le second est plus concret et désigne surtout un fonctionnement réalisé: "La machine **fonctionne** bien mais elle ne **marche** pas en ce moment".

- Noter que **tous les** + NOM pour indiquer la fréquence prend un nom au pluriel; **chaque** prend un nom au singulier (E.3): "Je sors à bicyclette **tous les** dimanches (ou: **chaque** dimanche)".

- Bien noter que: qqch. manque **à** qqn; mais qqn manque **de** qqch. (F.2):

  > Le tact *manque à* votre ami = il *manque de* tact.
  > La culture lui *manque* = il manque *de* culture.

EXERCICES

I. Employer **servir à** pour remplacer **employer** ou **se servir de** dans les phrases suivantes.

   modèle   On *emploie (se sert d')* une machine à écrire pour taper les lettres.
                Une machine à écrire *sert à* taper les lettres.

1. On *se sert d'*un couteau pour couper.

2. On *emploie* ces crayons pour écrire l'examen.

3. On *emploie* un aspirateur pour nettoyer le tapis.

4. On *se sert d'*une commode pour ranger ses affaires.

5. On *emploie* un tire-bouchon pour ouvrir une bouteille de vin.

II. Remplacer **manquer à** par **manquer de** et vice versa.

   modèle   Nous *manquons d'*argent.
                L'argent *nous manque.*

1. Je *manque de* temps.

2. Vous êtes intelligent, mais l'imagination vous *manque.*

3. Il *manque de* force et *d'*équilibre.

4. Elles *ont manqué de* patience hier.

5. L'esprit ne leur *manquait* pas.

III. Remplacer l'article partitif par l'expression entre parenthèses.

   modèle   J'ai *du* temps maintenant pour voir les étudiants. (assez)
                J'ai *assez de* temps maintenant pour voir les étudiants.

1. Gabrielle porte *des* bijoux pour être chic. (trop)

2. Nous avons apporté *des* allumettes pour faire un feu. (assez)

3. Tu as *de l'*argent sur toi. (trop)

4. J'ai acheté *du* vin pour le dîner. (trop peu)

5. Elle lui a donné *des* tranquillisants pour le calmer. (assez)

IV. Ecrire des phrases équivalentes, en remplaçant l'expression en italique et en faisant les changements nécessaires.

modèle Mon expérience est *insuffisante.*
Je *manque d'*expérience.
ou L'expérience *me manque.*

1. Je *manque d'*argent de poche.

2. Ce calculateur *sert à* faire très vite les additions.

3. On a un examen *chaque* semaine.

4. *D'habitude* je *ne* vais *pas* au cinéma.

5. Je *n'*ai *pas assez* de temps pour lire.

6. Ma machine à écrire ne *fonctionne* pas *bien.*

7. Je *ne* suis *pas entièrement* d'accord.

8. *50%* des fois, on peut atteindre son but.

9. Je deviens vieux; *j'aurai bientôt* vingt ans.

V. Faire des phrases avec les éléments suivants, au temps indiqué.

modèle quelquefois / nous / sortir / ensemble (imparfait)
Quelquefois, nous sortions ensemble.

1. pourquoi / tu / employer / son stylo / ce matin? (passé composé)

2. neuf / dix / fois / ils / ne pas remarquer / sa présence (imparfait)

3. je / comprendre / pas du tout / pourquoi / tu / venir (passé composé)

4. nous / se promener / dans le parc / tous / jours (imparfait)

5. d'habitude / falloir / aller à l'église / dimanche (imparfait)

6. l'attaque / détruire / en partie / ville (passé composé)

7. je / jamais / voir / ton / frère (passé composé)

8. elles / presque / terminer / devoirs (passé composé)

9. nous / se servir / sa voiture / pendant son absence (passé composé)

VI. Compléter les phrases commencées.

    1. Notre système d'éducation fonctionne . . .

    2. Nous avons assez . . .

    3. Nous avons trop peu . . .

    4. Les ordinateurs permettent . . .

    5. D'habitude, les parents manquent . . .

VII. Vous donnerez votre emploie du temps du matin, en utilisant les mots et expressions suivants: **d'habitude, rarement, tous les, suffire, manquer, trop peu, marcher.**

Pour juger un compact, on peut se fier aux reporters. Ils s'en servent tous les jours.

Nikon FM. La richesse de Nikon dans un compact.

II · L'opinion personnelle A B

un discours présidentiel

A. L'opinion personnelle

1. il me semble que + INDIC

Il me semble que tout va très bien.

2. croire que + INDIC / **ne pas croire que** + SUBJ

Je *crois que* nous n'aurons pas de difficultés.
Je *ne crois pas que* nous ayons des difficultés.

3. à mon avis

A mon avis, la situation est très favorable.

4. changer d'avis

Je n'*ai* pas *changé d'avis* depuis mon dernier discours.

5. penser de *(avoir une opinion sur, juger)*

Que *penseront* mes adversaires *de* ma position?
Ce qu'ils *pensent de* ma position n'est pas important.

B. Parler et dire

1. parler de qqch.; **dire que**

Le président a *parlé de* la situation.
Il a *dit que* tout allait très bien.

2. prétendre que *(déclarer, affirmer, que)*

Il a *prétendu que* la situation était très favorable mais il ne l'a pas prouvé.

3. laisser entendre que *(faire comprendre sans le dire),* **suggérer que**

Il a *laissé entendre (suggéré) qu'*il ne changerait rien. (Mais il ne l'a pas dit ouvertement.)

4. avoir entendu dire que *(on m'a dit que)*

J'ai *entendu dire que* ses adversaires ne sont pas contents.

notes

- Noter qu'à l'affirmatif **croire que** est suivi de l'indicatif, mais au négatif (ou à l'interrogatif) croire que est suivi du subjonctif (A.2): "Je **crois que** nous n'**aurons** pas de difficultés" mais "Je **ne crois pas que** nous **ayons** des difficultés".

- **Penser de** (A.5) est utilisé dans des questions: "Que **pensez**-vous **de** ce film?" ou avec **ce que:** "Je voudrais savoir **ce que** vous **pensez de** ce film". Il implique une opinion ou un jugement. Ne le confondez pas avec **penser à,** qui signifie "avoir à l'esprit": "Je **pense à** un film que j'ai vu la semaine dernière".

- Les expressions sous **Parler et dire** (II.B) sont présentées par certitude diminuante: **prétendre** veut dire déclarer mais sans prouver; laisser entendre veut dire suggérer mais sans le dire explicitement; et **avoir entendu dire** indique simplement qu'il s'agit de ce que d'autres ont dit.

- Le verbe **dire** est transitif: on dit qqch.; mais on parle **d'**une chose (B.1).

- Bien noter que dans l'expression **laisser entendre** (B.3), le temps de **laisser** varie selon le contexte mais **entendre** est toujours à l'infinitif.

- Remarquez bien la concordance des temps entre les discours direct et indirect (B):

	Direct	*Indirect*
présent / imparfait	"Tout va bien".	Il a dit que tout allait bien.
futur / conditionnel	"Tout ira bien".	Il a dit que tout irait bien.
passé composé / plus-que-parfait	"Tout est bien allé".	Il a dit que tout était bien allé.

EXERCICES

I. Mettre ces citations au discours indirect.

    modèle   Nous avons répété: "Nous voulons le voir tout de suite."
                  Nous avons répété *que nous voulions* le voir tout de suite.

   1. Leur professeur a dit: "Ils ont fait de leur mieux."

   2. Anne a prétendu: "On peut voir le lac de ma maison."

   3. Jean-Pierre a dit: "Il faudra leur téléphoner bientôt."

   4. Il a protesté: "Je suis déjà venu deux fois."

   5. Mon fiancé m'a dit: "Je t'aimerai jusqu'à la fin du monde."

II. Ecrire deux phrases avec ces éléments, la première avec **parler** et la deuxième avec **dire.** Mettre les verbes au passé.

    modèle   Le président / situation économique
                  Le président *a parlé de* la situation économique. Il *a dit qu*'elle était excellente.

   1. Le général / la guerre

   2. Casanova / les femmes

   3. Les étudiants / l'examen

   4. Le médecin / l'alcool

   5. Les martiens / la Terre

III. Répondre aux questions.

    modèle   A qui pensez vous? —A ma soeur.
                  Que pensez-vous du film? —Je le trouve mauvais.

   1. Que pensez-vous de mon idée pour la fête?

   2. A qui pensez-vous quand vous entendez cette chanson?

   3. Tu as une drôle d'expression: à quoi penses-tu?

   4. Que pensez-vous de ce nouveau restaurant?

   5. Que pensez-vous de ses chances de réélection?

IV. Ecrire une question avec **penser de** ou **penser à,** selon le cas.

> **modèle** A ma soeur. —A qui pensez-vous?
> Je le trouve mauvais. —Que pensez-vous du film?

1. Je crois que c'est une bonne pièce.

2. A mes amis aux Etats-Unis.

3. A ce que vous m'avez dit l'autre jour.

4. Il me semble c'est le meilleur restaurant de la ville.

5. A mon avis, il est peu intelligent.

6. A un roman que nous avons lu dans mon cours.

V. Remplacer les expressions en italique par les expressions entre parenthèses.

> **modèle** *Il me semble qu'*il faut avoir l'air naturel. (A mon avis)
> *A mon avis*, il faut avoir l'air naturel.

1. *Je ne crois pas* que Marc soit vraiment ton ami. (Il me semble que)

2. Michèle m'a *suggéré* qu'elle me quitterait. (laisser entendre)

3. *A mon avis*, il n'est pas nécessaire de tout détruire avant de recommencer. (croire)

4. Georges *a dit que* les socialistes ont gagné. (prétendre)

5. *Quelle est votre opinion* sur notre ville? (penser)

VI. Faire des phrases avec les éléments donnés, au temps indiqué.

1. le sénateur / parler / situation économique (futur)

2. sembler / moi / pollution / augmenter (présent)

3. le professeur / insister / importance / examens (passé composé)

4. Henri / laisser entendre / partir (passé composé / conditionnel)

5. nous / entendre dire / la situation / grave (passé composé / présent)

6. rien / moi / faire / changer d'avis (futur)

7. Dis-moi / penser / moi (présent)

VII. Finir les phrases commencées.

    1. Dans sa lettre, mon petit ami a suggéré . . .

    2. Antoine me dit toujours . . .

    3. Tu vas changer d'avis quand . . .

    4. Le président a laissé entendre . . .

    5. Cécile a prétendu . . .

    6. Le premier ministre a insisté . . .

    7. Les communistes ne croient pas . . .

    8. Quand je te regarde dans les yeux, il me semble . . .

    9. J'ai entendu dire . . .

    10. Que penses-tu . . .

VIII. Vous rencontrez le critique qui a écrit un compte-rendu très négatif de votre dernière pièce. Racontez votre conversation, en mettant les verbes au passé composé.

Le conflit saharien

La menace sur Smara semble persister

M. Chirac : qui peut prétendre, en France, avoir fait davantage que les gaullistes pour la construction de l'Europe ?

II · L'opinion personnelle C D

un discours présidentiel

C. Présenter et exposer

1. exposer une question, un problème; **faire un exposé sur** qqch.

Le président a *exposé* (*fait un exposé sur*) sa politique militaire.

2. mentionner qqch.; **faire mention de** qqch.

Je n'ai pas l'intention de *mentionner* (*faire mention de*) tous les aspects du problème.

3. en premier, deuxième, dernier lieu

En premier lieu il y a le problème de nos ennemis, *en deuxième lieu* celui des pays non-alignés, et *en troisième lieu* celui de nos alliés. Mais il y a surtout *en dernier lieu* la question de savoir comment cette situation va évoluer.

4. ..., c'est-à-dire que ...; ..., ce qui veut dire que ...

Nos ressources financières ne sont pas sans limites, *c'est-à-dire que* (*ce qui veut dire que*) notre politique doit changer.

5. par exemple ...

La politique de certains pays reste mystérieuse. *Par exemple*, pourquoi la Transylvanie veut-elle fabriquer des armes nucléaires?

D. La mise en relief

1. ce qui ..., ce que ..., c'est qqch., **que** qqch.

Ce qui est important, *c'est* la stabilité.
Ce qui est important, *c'est que* rien ne change.

*Ce qu'*il faut, *c'est* la stabilité.
*Ce qu'*il faut, *c'est que* rien ne change.

2. le + ADJ ou NOM, c'est qqch., **que** qqch.

Le seul problème, *c'est* l'attitude de mes adversaires.
Le problème, *c'est que* mes adversaires veulent tout changer.

3. c'est ... qui (que) ...

C'est l'opinion de mes adversaires *qui* doit changer.
C'est la situation *que* nous devons maintenir.

4. insister sur qqch., **sur le fait que**

Le président a *insisté sur* la stabilité.
Le président a *insisté sur le fait qu*'il n'allait rien changer.

notes

- En français c'est par la syntaxe—l'ordre des mots—que l'on met en relief un mot ou une idée (II.D). En anglais c'est plutôt par le ton de la voix et la durée des syllabes. Comparer:

Ce qui est important, c'est la stabilité. L'important, c'est la stabilité. C'est la stabilité qui est importante.	StaBILity is what we need. What we NEED is staBILity.

Noter aussi que le **ce** est répété dans **c'est**: "Ce qui . . . c'est . . .".

- Quand **ce qui . . . , ce que . . . ,** (D.1) ou **le . . .** (D.2) introduisent un adjectif qui exprime un souhait, un désir, un ordre, un jugement, etc., le verbe est au subjonctif.

    Ce qui est important, c'est que nous *partions* à l'heure.
    Ce que je veux, c'est que nous y *allions* ensemble.

    L'essentiel, c'est que nous *soyons* à l'heure.

    Mais quand l'adjectif ne fait que mettre en relief ce qui est déjà réalisé, le verbe reste à l'indicatif.

    Ce qui est bête, c'est qu'ils *sont* déjà *partis*.
    Le plus drôle, c'est qu'ils *sont partis* avant nous.

- Ne pas oublier que **c'est** (D.3) devient **ce sont** à la troisième personne du pluriel.

    Ce sont mes adversaires qui veulent changer les choses.

- Remarquer la différence syntaxique entre **insister sur** (suivi d'un nom) et **insister sur le fait que,** suivi d'une proposition à l'indicatif (D.4).

- **Insister** n'est jamais suivi immédiatement par ~~que~~.

LA PREMIÈRE FORCE EST DE SAVOIR CE QU'ON VEUT

EXERCICES

I. Refaire les phrases suivantes, en employant d'abord **qui,** et ensuite **que,** selon le modèle.

modèle J'ai lu des livres. Ils sont magnifiques.
J'ai lu des livres *qui sont* magnifiques.
Les livres *que j'ai lus* sont magnifiques.

1. Nous avons reçu un message. Il est urgent.

2. Elle a rencontré un homme au café. Il est charmant.

3. J'ai découvert des secrets. Ils sont surprenants.

4. Il a fait des réflexions sur mon travail. Elles sont idiotes.

5. Le député a entendu une émission de radio. Elle a provoqué sa démission.

II. Transformer les phrases suivantes, en ajoutant **ce qui** ou **ce que;** puis reformuler la phrase avec **c'est . . . que (qui).**

modèle Les spectateurs *ont été frappés* par l'émotion des acteurs.
Ce qui a frappé les spectateurs *c'est* l'émotion des acteurs.
C'est l'émotion des acteurs *qui* a frappé les spectateurs.

1. Je ne comprends pas tes changements d'avis.

2. Sa réponse m'a influencé.

3. Je suis étonnée que tu veuilles changer de chambre.

4. Ils ont remarqué la différence entre les deux classes.

5. Hélène est troublée par la situation économique.

III. Donner des phrases équivalentes en remplaçant les expressions en italique et en faisant les changements nécessaires.

modèle M. Durand *a exposé* les problèmes des jeunes aujourd'hui.
M. Durand *a fait un exposé sur* les problèmes des jeunes aujourd'hui.

1. *La difficulté,* c'est que je n'ai pas le temps.

2. *Ce qui* est essentiel, c'est que vous me compreniez.

3. Elle parle bien, *ce qui veut dire* qu'elle pourra exposer notre point de vue.

4. Dans l'article, on *fait mention* de son livre.

5. *Ce qui* est le plus amusant, *c'est qu'*il ne réagit pas.

V. Finir les phrases commencées. (Attention au mode.)

1. L'important . . .

2. Il fait toujours des bêtises; par exemple . . .

3. Ce qui me gêne . . .

4. Nous n'avons plus de temps, ce qui veut dire . . .

5. Quand le reporter a parlé de moi, il a insisté . . .

6. Ce que j'ai voulu dire . . .

7. En premier lieu, le film était trop simpliste, . . .

VI. Exprimer votre opinion sur vos cours, en vous servant des expressions de cette section.

II · L'opinion personnelle E F G

les adversaires du président

E. Accord et désaccord

1. être d'accord avec qqn, qqch.

> Nous ne *sommes* pas *d'accord avec* le président.
> Le président n'*est* pas *d'accord avec* nos idées.

2. être pour / contre qqn, qqch.

> Nous *sommes pour* notre candidat.
> Nous *sommes pour* des changements et *contre* l'immobilisme du président.

3. accepter / refuser qqch., **de** faire qqch.

> Le président n'*accepte* pas les changements et nous *refusons* le statu quo.
> Le président *refuse de* changer son attitude mais nous n'*accepterons* pas *de* rester ainsi.

F. Doute et scepticisme

1. ne pas croire que + SUBJ

> Je *ne crois pas que* le président soit sincère dans ce qu'il dit.

2. douter de qqch., **douter que** + SUBJ

> Nous *doutons de* la sincérité du président.
> Nous *doutons que* le président soit sincère dans ce qu'il dit.

G. Discussion et dispute

1. discuter qqch.   (*étudier le pour et le contre, examiner de façon critique*)

> On a *discuté* (examiné) les idées du président.
> Ses adversaires *discutent* (critiquent) les notions du président au sujet de la situation.

2. reprocher à qqn qqch., **de** faire qqch.

> Le président *reproche à* ses adversaires leur pessimisme.
> Ils *reprochent* au président *de* ne rien vouloir faire.

3. se disputer (avec qqn)   (*une querelle*)

Le président et ses adversaires *se disputent* beaucoup.
Ils *se* sont *disputés* toute l'année dernière.

4. mettre qqn **en** colère; **se mettre en colère**

Le président est très calme: ses adversaires ne peuvent pas *le mettre en colère.*
Mais le leader de l'opposition *se met* facilement *en colère.*

notes

- Ne pas oublier que **croire** au négatif est suivi du subjonctif (F.1).

- Remarquer que l'on doute **de** qqch. en français. On dira donc: "J'en doute". Remarquer aussi que **douter** est suivi du subjonctif (F.2).

- Le verbe **discuter** (G.1) signifie en français échanger le pour et le contre d'une question, et souvent de façon critique. Ne le confondez pas avec **discuter de** qqch., qui indique plutôt un échange d'idées à propos d'une chose.

- **Reprocher** (G.2) a le sens en français de "critiquer, blâmer".

Rhodésie

Le conseil exécutif de Salisbury accepte de participer à une conférence réunissant toutes les parties

Budget : l'Assemblée refuse de voter les recettes

EXERCICES

I. Faire des phrases complètes avec les éléments suivants et en utilisant **pour** et **contre**.

    modèle   paresseux / le travail / la sieste
           Si l'on est paresseux, on est *contre* le travail et *pour* la sieste.

  1. chauviniste / son pays / les influences étrangères

  2. "phallocrate" / la promotion des femmes / la "femme au foyer"

  3. communiste / les ouvriers / les capitalistes

  4. conservateur / le maintien du système / les changements rapides

II. Compléter les phrases avec la forme correcte du verbe entre parenthèses.

    modèle   Je crois qu'elle est très occupée, mais je ne crois pas (être fatiguée)
           Je crois qu'elle est très occupée, mais je ne crois pas *qu'elle soit fatiguée.*

  1. Je crois qu'il viendra, mais je ne crois pas (réussir)

  2. Je crois qu'il lui téléphonera, mais je ne crois pas (venir)

  3. Je crois qu'elle s'y intéresse mais je ne crois pas (avoir l'argent)

  4. Je crois qu'il est beau, mais je ne crois pas (être intelligent)

  5. Je crois que vous êtes fort, mais je ne crois pas (le faire seul)

III. Mettre chacune des phrases au négatif en faisant les changements nécessaires.

    modèle   Je suis sûre qu'elle viendra.
           Je ne suis pas sûre qu'elle *vienne.*

  1. Il est sûr qu'elle sait la verité.

  2. Tu es sûr qu'il prendra le train.

  3. Vous êtes sûr qu'il ira là-bas d'abord.

  4. Je suis sûr que vous avez la solution du problème.

  5. Je suis sûre qu'il finira avant nous.

IV. Remplacer **douter de** par **douter que.**

> **modèle**   Je *doute de* sa sagesse.
> Je *doute, qu'*il soit sage.

1. Je doute de son honnêteté.

2. Elle doute de notre sensibilité.

3. Nous doutons de sa compétence.

4. Il doute de votre sincérité.

5. Tu doutes de leur intelligence?

V. Faire des phrases avec les éléments suivants.

> **modèle**   reprocher / sa femme / être sentimentale
> Il reproche à sa femme d'être sentimentale.

1. reprocher / son mari / être trop autoritaire

2. reprocher / son ami / être toujours en retard

3. reprocher / sa camarade de chambre / faire trop de bruit

4. reprocher / son frère / ne pas être venu

VI. Remplacer le verbe **ne pas aimer** par **reprocher.**

> **modèle**   Elle *n'aime pas* son avarice.
> Elle lui *reproche* son avarice.

1. Il n'aime pas sa façon de parler.

2. Vous n'aimez pas sa conduite.

3. Nous n'aimons pas ton manque de sensibilité.

4. Tu n'aimes pas leur attitude méprisante.

5. Je n'aime pas votre silence.

VII. Dans les phrases suivantes, remplacer **se mettre en colère** par **mettre qqn en colère.**

> **modèle**   Il *s'est mis* en colère. (mon camarade de chambre)
> Mon camarade de chambre *l'a mis en colère.*

1. Tu te mettras peut-être en colère. (cet article)

2. Elle se mettait toujours en colère. (ses parents)

3. Nous nous sommes mis en colère. (vos remarques)

4. Il se mettrait sûrement en colère. (ce professeur)

5. Vous vous êtes mis en colère? (cela)

VIII. Vous raconterez une dispute entre camarades de chambre, en utilisant les mots et expressions suivants: **accepter** (ou **refuser**), **croire, reprocher, se disputer, ne pas croire, (se) mettre en colère.**

M. Beullac refuse de dramatiser les ‹ bavures › de la rentrée scolaire

M. Marchais met en garde les travailleurs contre « les partisans de la collaboration de classe »

Le P.C. « regrette » l'attitude du P.S. et présente à son tour un candidat contre M. Poher

II · L'opinion personnelle H I

un cours difficile mais intéressant

H. Intérêt et préférence

1. qqch. **intéresse** qqn; qqn **s'intéresse à** qqch.

> Ce cours est difficile mais il *m'intéresse*.
> Je *m'intéresse* beaucoup *à* ce cours.

2. qqn **aime beaucoup** qqch.; qqn **aime mieux / moins** une chose **qu'**une autre

> *J'aime beaucoup* ce cours.
> *J'aime mieux* un bon cours difficile *qu'*un cours facile mais médiocre.
> *J'aime moins* un cours facile *qu'*un cours difficile.

3. préférer qqch. **à** qqch.

> Je *préfère* un bon cours difficile *à* un cours facile mais médiocre.

4. qqch. **plaît à** qqn   (*qqn aime qqch.*)

> Ce cours *me plaît*, mais il ne *plaira* pas *à* tout le monde.
> Ce cours *vous* a *plu?* —Oh, oui! Beaucoup!

5. détester qqch.; faire qqch.   (*ne pas aimer du tout*)

> Je *déteste* les cours médiocres.
> Je *déteste* écouter un professeur médiocre.

I. Concession et restriction

1. mais
> Ce cours est intéressant *mais* difficile.
> Ce cours est difficile *mais* intéressant.

2. même si

> *Même si* le cours est difficile, il est intéressant.
> *Même si* le cours est intéressant, il est difficile.

3. bien que + SUBJ

> *Bien que* le cours *soit* intéressant, il est difficile.
> *Bien que* le cours *soit* difficile, il est intéressant.

4. cependant

Ce cours est difficile. *Cependant* il est très intéressant.
Ce cours est intéressant. *Cependant* il est très difficile.

5. avouer que *(reconnaître un problème ou une difficulté)*

J'avoue que ce cours est difficile. Mais il est aussi intéressant.

notes

- On dit en français que l'on s'intéresse *à* quelque chose ou que la chose **vous intéresse** (H.1). **S'intéresser** est utilisé seulement quand le sujet est une personne (**Je m'intéresse**, etc.).

- L'adjectif "intéressé" en français a surtout le sens de "cupide", cherchant son intérêt personnel et matériel.

- Le verbe **plaire** (qqch. **plaît à** qqn) a en français le sens "aimer" (H.3). Faites attention à la syntaxe: en anglais quelqu'un aime quelque chose mais en français la chose **plaît à** la personne.

- La concession (I) est le fait de concéder un point important à quelqu'un, reconnaître un point de vue différent, un problème ou une difficulté. La notion de base est donc: "C'est vrai, mais . . ." "Oui, mais . . ."; l'autre personne n'a pas tort mais elle n'a pas vu toute la question non plus.

- **Même si** (I.2) est suivi de l'indicatif, **bien que** (I.3) du subjonctif. **Même si** indique surtout une concession future; **bien que** indique une restriction vis-à-vis d'une situation déjà établie.

    Bien que j'aie (déjà) du travail, je sortirai.
    Même si j'ai du travail (demain), je sortirai.

Noter aussi que la concordance des temps avec **même si** est la même que pour **si** (PRES / FUT, IMPARF / COND, PLUS-QUE-PARF / COND DU PASSE).

    Même si j'ai du travail, je sortirai.
    Même si j'avais du travail, je sortirais.
    Même si j'avais eu du travail, je serais sorti.

(Voir aussi VI.E.)

Moscou s'intéresse de plus en plus aux pays de l'A.S.E.A.N.

Le succès des communistes de la région dépendra non de la Chine mais de la situation locale

EXERCICES

I. Répondre aux questions.

    modèle   *T'intéresses-tu à* mes problèmes?
                Oui, je *m'y intéresse.*
                ou   Non, je *ne m'y intéresse pas.*

    1. T'intéresses-tu à la politique?

    2. T'intéresses-tu à la recherche médicale?

    3. T'intéresses-tu aux informations internationales?

    4. T'intéresses-tu aux sports?

    5. T'intéresses-tu au cinéma?

II.   **A.**   Dans les phrases suivantes, remplacer **intéresser** par **s'intéresser à.**

    modèle   Ce livre *m'intéresse* beaucoup.
                Je *m'intéresse à* ce livre.

    1. Ce film intéresse les étudiants.

    2. Le texte a intéressé Claire.

    3. Les sports ne m'ont jamais intéressé.

    4. Les discours du président ne nous intéressent pas.

    B.   Remplacer **s'intéress**er à par **intéresser.**

    modèle   Il *s'intéresse à* la France.
                La France *l'intéresse.*

    1. Claude s'intéresse aux mathématiques.

    2. Nous nous sommes intéressés à ce journal.

    3. Patricia s'intéressera au livre que j'ai acheté.

    4. Vous vous intéresserez à cet aspect de l'histoire.

III. Remplacer **aimer** par **plaire.**

> **modèle** Ses parents *aiment* son fiancé.
> Son fiancé *plaît à* ses parents.

1. Sylvie aime cette région.

2. Albert aime ses manières.

3. Nous avons aimé ce repas.

4. Elle a aimé ses remarques.

5. L'aimes-tu?

IV. Changer **même si** en **bien que** suivi du présent et en faisant les autres changements nécessaires.

> **modèle** *Même s*'il a peur, il le fera pour moi.
> *Bien qu*'il *ait* peur, il le *fait* pour moi.

1. Même si tu ne veux pas, il faudra travailler.

2. Même si elle me trompe, je l'aimerai.

3. Même si vous m'aidez, je ne pourrai pas le faire.

4. Même si le livre ne vous plaît pas, il faudra avouer que c'est un chef-d'oeuvre.

5. Même si elle est intelligente, elle manque de savoir-faire.

V. Ecrire des phrases contraires, en remplaçant les expressions en italique.

> **modèle** *J'aime mieux* ma famille *que* la tienne.
> Je *préfère* ta famille *à* la mienne.
> **ou** *J'aime moins* ma famille *que* la tienne.

1. Claude a toujours *détesté* donner son opinion sur un film.

2. Je *n'ai pas* toujours *préféré* la poésie à la prose.

3. *J'aime beaucoup* les sports.

4. *J'ai moins aimé* le film que le livre.

5. Les Russes *aiment mieux* discuter *que* se disputer.

VI. Faire des phrases avec les éléments donnés.

1. Cécile / intéresser / la photographie (passé)

2. bien que / ce costume / être cher / l'acheter

3. le concert / plaire / tout le monde (passé)

4. falloir / essayer / même si / trop tard

5. tes amis / moi / plaire

VII. Finir les phrases suivantes.

1. C'est un bon camarade de chambre, bien que . . .

2. Même si tu ne l'aimes plus . . .

3. C'est un ami, mais j'avoue . . .

4. Le jazz me plaît, mais . . .

5. L'article a bien montré les inconvénients du mariage. Cependant . . .

VIII. Décrire ce que vous faites quand vous avez du temps libre, en employant les mots et expressions suivants: **intéresser, aimer moins, plaire, bien que, cependant, préférer.**

III · Les relations interpersonnelles A B C

le fiancé de ma cousine

A. Le contact

1. avoir rendez-vous avec qqn

Ma cousine *a rendez-vous avec* nous la semaine prochaine.

2. présenter qqn **à** qqn d'autre
Elle veut *présenter* son fiancé *à* mes parents.

3. faire la connaissance de qqn

Je suis très heureux de *faire votre connaissance.*

4. venir / aller voir qqn; **rendre visite à** qqn

Vous êtes très gentil de *venir nous voir (nous rendre visite).*

B. Rapport et relations

1. connaître qqn

Nous ne *le connaissions* pas encore.

2. s'entendre (avec qqn**) / se brouiller (avec** qqn**), être brouillés**

J'espère qu'elle va *s'entendre avec* lui, qu'ils vont *s'entendre.*
Elle et son premier fiancé *se sont brouillés* après deux mois. Je crois qu'elle *se brouille* très facilement avec les gens.

3. envers qqn

Son attitude *envers* les hommes est difficile à comprendre.

C. La sensibilité

1. être sensible (*sentir facilement les choses*); **être sentimental, un sentimental** (*d'une sensibilité un peu mièvre*)

Ma cousine *est* très *sensible* et son fiancé semble *être un sentimental.* Je ne sais pas s'ils pourront s'entendre.

2. tomber, être, amoureux de qqn

Il est *tombé* très vite *amoureux* d'elle mais je ne sais pas s'il *sera* encore *amoureux* d'elle quand il la connaîtra mieux.

3. plaindre qqn   *(avoir de la compassion pour qqn)*

Je *plains* les sentimentaux: la vie n'est pas faite pour eux.

notes

- Noter l'absence d'article indéfini dans l'expression **avoir rendez-vous avec** quelqu'un (A.1).

- Ne confondez pas **présenter** (A.2) avec "introduire" qui signifie "faire entrer" en français.

- Quand vous faites la connaissance de quelqu'un (A.3), vous dites: "Bonjour, Madame (Mademoiselle, Monsieur)". Une réponse plus formelle serait: "Je suis très heureux de faire votre connaissance".

- Ne confondez pas **rendre visite à** quelqu'un (A.4) avec "visiter qqch.", qui a le sens d'une visite touristique (un monument, une ville, etc.).

- **S'entendre** et **se brouiller** (B.2) sont employés en français pour une personne vis-à-vis d'une autre (quelqu'un **s'entend / se brouille**, avec quelqu'un d'autre) ou pour deux personnes mutuellement (ils **s'entendent** bien / ils **se sont brouillés**).

- Ne confondez pas **envers** (avec les personnes) et **vers,** qui indique une orientation dans l'espace.

- **Sensible** en français (C.1) indique quelqu'un qui a de la sensibilité. Ne le confondez pas avec **raisonnable,** qui désigne quelqu'un qui pense ou agit selon la raison ou le bon sens.

- Remarquer qu'en français l'état de celui ou celle qui aime s'exprime par l'adjectif (tomber, être) **amoureux** (C.2).

EXERCICES

I. Remplacer les noms par des pronoms selon le modèle.

    modèle   Je présente mon ami à mes parents.
            (1) Je *le* présente à mes parents.
            (2) Je *leur* présente mon ami.
            (3) Je *le leur* présente.

  1. Il présente sa fiancée à son camarade de chambre.

  2. Elle présente son professeur à son père.

  3. Nous présentons nos amis à nos voisins.

  4. Vous présentez votre collègue à Florence.

II. Refaire l'exercice I au passé composé.

    1.

    2.

    3.

    4.

III. Répondre aux questions selon le modèle.

    modèle   Est-ce que vous vous entendez encore bien?—Non, nous nous sommes brouillés.

    1. Est-ce que Valérie et Olivier s'entendent bien?

    2. _____ Annette et Natalie _____?

3. _____ ils _____?

4. Est-ce qu'elle s'entend bien avec lui?

5. _____ elle _____ avec sa camarade de chambre?

6. _____ tu _____ avec mes amis?

IV. Dans les phrases suivantes, remplir les blancs avec **visiter** ou **rendre visite / aller voir,** selon le sens. (Attention aux temps.)

1. Lundi dernier je _____ mon ami.

2. Samedi après-midi il _____ le musée du Louvre.

3. Demain nous _____ un vieil ami.

4. Nous _____ la ville, le château, et le donjon.

V. Compléter les phrases suivantes.

1. J'aime les gens sensibles parce que . . .

2. Ma soeur préfère les sentimentaux:

3. Pourquoi plains-tu ceux qui sont trop raisonnables? —Parce que . . .

4. Si nous étions plus raisonnables . . .

5. Le problème avec la sensibilité, c'est que . . .

6. Mes sentiments envers lui ont changé, parce que . . .

VI. Faire des phrases avec les éléments suivants et au temps de verbe indiqué.

modèle Je / connaissance / professeur (passé composé)
J'ai fait la connaissance de mon professeur.

1. étudiantes / sensible / amoureux / professeur (présent)

2. nous / rendez-vous / écrivain (futur)

3. tu / connaître / pas encore / ce film? (imparfait)

4. vous / se brouiller / pour rien (passé composé)

5. je / tout de suite / amoureux / elle (passé composé)

6. il / devenir / sensible / à 50 ans (futur)

7. ils / plaindre / Jean-Marc / parce que / sentimental (présent)

III · Les relations interpersonnelles D E

certains jeunes aujourd'hui

D. Estime et réputation

1. admirer, estimer, qqn; **avoir de l'estime pour** qqn, qqch.

> Certains jeunes aujourd'hui n'*admirent* (n'*estiment*) plus la génération de leurs parents. Ils n'*ont* plus *d'estime pour* rien.

2. apprécier qqch. (*beaucoup aimer*)

> Ils n'*apprécient* pas les mêmes choses que leurs parents—la littérature classique, par exemple.

3. avoir entendu parler de qqch. (*on vous en a parlé*)

> Ils *ont entendu parler de* la crise des années 1930 mais elle ne leur semble pas importante.

E. Mépris et moquerie

1. respecter / mépriser qqn, qqch.

> Beaucoup de jeunes ne *respectent* plus les valeurs de leurs parents; certains *méprisent* même leurs parents.

2. se moquer de qqn, **de** qqch.

> Il est vrai aussi que certains parents semblent *se moquer de* leurs enfants et de ce qui est nouveau ou différent.

3. insulter qqn

> Faut-il toujours qu'une génération *insulte* l'autre?

notes

- Noter bien le sens d'**apprécier** (D.2) en français: reconnaître l'importance ou la valeur de quelqu'un ou de quelque chose. Ne confondez pas avec **être reconnaissant.**

- Ne confondez pas **avoir entendu parler de** quelque chose (D.3)—avoir appris l'existence de quelque chose, connaître son existence—et **avoir entendu dire que** (II. B.4), qui signifie "on m'a dit que", "il paraît que". Remarquez aussi que la première expression prend **de**, la seconde **que**.

Ce qué le chah disait de l'ayatollah ... en 1963

« Personne n'avait entendu parler de lui ... »

Union soviétique

RECEVANT DEUX MINISTRES ET DES HOMMES D'AFFAIRES AMÉRICAINS

Il n'est pas nécessaire de s'admirer pour coopérer, déclare M. Brejnev

EXERCICES

I. Répondre à la question selon le modèle. (Attention aux pronoms.)

   modèle   Tu connais Marc?
   Non, je ne le connais pas, mais j'ai entendu parler de lui.

   1. Tu connais cet écrivain?

   2. Tu connais Valérie?

   3. Tu connais ces gens?

   4. Tu connais ces deux actrices?

   5. Tu les connais?

II. Répondre à la question selon le modèle.

   modèle   Pourquoi est-il parti?
   Parce qu'on s'est moqué de lui.

   1. Pourquoi est-elle partie?

   2. Pourquoi êtes-vous partie?

   3. Pourquoi sont-ils partis?

   4. Pourquoi sont-elles parties?

   5. Pourquoi es-tu parti?

III. Remplacer les mots en italique par le pronom qui convient suivant le modèle.

   modèle   On s'est moqué de *son ami?* —Oui, on s'est moqué de *lui.*
   On s'est moqué de *son chat?* —Oui, on s'*en* est moqué.

   1. On s'est moqué de *sa robe?*

   2. On s'est moqué de *leurs enfants?*

   3. On s'est moqué de *ton dessin?*

   4. On s'est moqué de *votre chapeau?*

5. On s'est moqué de *son fiancé?*

6. On s'est moqué de *notre voiture?*

IV. Répondre à la question en remplaçant les mots en italique par le pronom, selon le modèle.

modèle Avez-vous entendu parler de *cet acteur?* —Non, je n'ai jamais entendu parler de *lui.*
Avez-vous entendu parler de *ce film?* —Non, je n'*en* ai jamais entendu parler.

1. ce roman

2. cette pièce

3. ce peintre

4. cette exposition

5. cette personne

6. ce restaurant

V. Récrire la phrase selon le modèle.

modèle Je l'admire / tu
Je l'admire, mais toi, tu le mépriseras.

1. Je l'admire / vous

2. Je l'admire / ils

3. Je l'admire / elle

4. Je l'admire / elles

5. Je l'admire / il

VI. Faire une phrase avec les éléments suivants selon le modèle.

modèle détester / les bonbons anglais / mon frère / apprécier
Je déteste les bonbons anglais mais mon frère les apprécie beaucoup.

1. détester / les chocolats fins / mon ami / apprécier

2. détester / les chocolats fins / mon ami / détester

3. apprécier / le calme et la tranquillité / mon camarade / détester

4. apprécier / le vin rosé / Jacques / détester

5. apprécier / les bonnes choses / mon voisin / apprécier

VII. Compléter les phrases suivantes selon le modèle et en inventant une raison.

> **modèle**   mépriser / ces gens / parce que . . .
>   Je méprise ces gens parce qu'ils ne savent pas ce qu'ils veulent.

    1. avoir / estime / cet homme / parce que . . .

    2. admirer / cette statue / parce que . . .

    3. mépriser / cet homme politique / parce que . . .

    4. apprécier / ce professeur / parce que . . .

    5. insulter / mes ennemis / parce que . . .

VIII. Il y a une dispute entre voisins au numéro 19 de la rue de la Vieille Tour. Racontez-la en employant les mots et constructions suivants: **apprécier, détester, insulter, se moquer, entendre parler.**

IV · Jugement et évaluation A B

la mère et la fille

A. Comparer

1. plus / moins + ADJ, ADV que

> La mère est *plus* âgée *que* sa fille mais elle paraît *moins* fatiguée *qu'*elle.
> La fille travaille *plus* lentement *que* sa mère, qui finit donc *moins* tard *qu'*elle.

2. plus / moins de + NOM que

> La mère a *plus d'*énergie *que* sa fille.
> La fille a *moins d'*ambition *que* sa mère.

3. aussi / moins + ADJ, ADV que

> La fille est *aussi* intéressante *que* sa mère, même si elle est *moins* intelligente *qu'*elle.
> La mère réfléchit *aussi* bien *que* sa fille, mais elle parle *moins* clairement.

4. autant / moins de + NOM que

> La fille a fait *autant* d'années *d'*études *que* sa mère mais elle a *moins de* bon sens *qu'*elle.

B. Ressemblance et différence

1. qqn, qqch., ressemble à qqn, qqch.; deux personnes ou choses se ressemblent

> La fille *ressemble* beaucoup *à* sa mère physiquement, mais elles ne *se ressemblent* pas du tout moralement.

2. une personne ou chose est semblable à (*ressemble à*) une autre; les deux sont semblables

> La fille ne ressemble pas moralement à sa mère mais elle *est* tout à fait *semblable à* son père (le père et la fille *sont semblables*).

3. être le contraire de qqn, qqch.

> La fille ressemble moralement à son père mais elle *est le contraire de* sa **mère.**

4. comme qqn / contrairement à qqn

> *Comme* sa mère elle est grande et blonde, mais *contrairement à* sa mère elle aime mieux porter un pantalon qu'une jupe.

notes

- Il faut **plus / moins . . . que** avec un adjectif ou adverbe (A.1), mais **plus / autant / moins de** devant un nom (A.2, 4), même quand une quantité est indiquée: "plus de trois enfants, autant de choses, moins de six personnes, etc.".

- Dans une comparaison négative (A.3), **pas aussi** ou **pas si** peut être employé, mais il est plus élégant d'utiliser **moins** avec l'affirmatif: "elle est moins intelligente que sa mère" est préférable stylistiquement à "elle n'est pas si intelligente que sa mère". La négation de **autant** est **pas tant,** mais on préférera encore **moins de**.

- Noter que **le contraire de** (B.3) est invariable; **le / la même** s'accorde avec le nom.

  Elle a la même bouche que sa mère.

- Noter que **se ressembler** est simplement la forme pronominale de **ressembler à** (B.2). La construction "se ressembler à" n'existe pas en français. Donc, une chose **ressemble à** une autre mais les deux choses **se ressemblent.**

- Quand **plus que** ou **moins que** est suivi d'une proposition, on ajoute le **ne** pléonastique avant le verbe.

  Il m'a impressionné plus que je *ne* pensais.
  J'ai perdu moins de temps que je *n*'aurais cru.

EXERCICES

I. Dans les phrases suivantes, remplacer **autant** par **aussi** selon le modèle.

> **modèle** J'ai *autant* de force que lui.
> Je suis *aussi fort(e)* que lui.

1. Il a autant de patience que moi.

2. Nous avions autant de faiblesses qu'eux.

3. Tu auras autant de subtilité que lui.

4. Il avait autant de souplesse qu'un danseur.

5. Aurez-vous autant de courage que votre mère?

II. Faire des phrases avec les éléments donnés en employant des adjectifs et pronoms possessifs suivant le modéle.

> **modèle** moi / père / plus fort / toi
> *Mon* père est plus fort que *le tien.*

1. toi / chien / plus grand / lui

2. elle / robe / plus chère / vous

3. nous / examens / plus difficiles / elle

4. nous / cours / plus intéressant / eux

5. eux / maison / plus grande / moi

6. vous / livre / plus long / nous

III. Faire des phrases contraires en remplaçant l'expression en italique.

> **modèle** Mon camarade de chambre est *plus* intelligent que moi.
> Mon camarade de chambre est *moins* intelligent que moi.

1. Il faut parler *moins* fort que lui.

2. Les étudiants ont *autant* d'ennuis que leurs professeurs.

3. *Au contraire de* mon voisin, j'ai beaucoup apprécié le concert.

4. L'U.R.S.S. a *plus* de missiles que les Etats-Unis.

5. Elle est *aussi* sympathique que sa camarade de chambre.

6. On a *moins* de travail cette année que l'année dernière.

7. *Comme* son frère, il a les cheveux bruns.

8. J'ai trouvé que son attitude est tout à fait *semblable* à la mienne.

IV. Ecrire des phrases avec les éléments donnés.

1. Je / être / plus / sensible / raisonnable

2. tes idées / semblable / mien

3. film / ne pas / ressembler / livre

4. souvent / vieux épox / ressembler

5. Au contraire / ses amies / elle / ne pas avoir / petit ami

6. Julien / Catherine / autant / moins / force / courage

V. Choisir deux livres ou films et comparez-les en utilisant les expressions suivantes.
modèle   moins: *L'Argent de poche* est un film *moins* sérieux que *Les 400 Coups*.

1. semblables

2. plus de

3. aussi

4. contrairement à

5. autant

6. ressembler à

VI. Faire une comparaison entre la vie à la ville et la vie à la campagne.

IV · Jugement et évaluation C D E

la critique d'un grand livre

C. Sens et signification

1. le **sens** de qqch.

Je ne comprends pas le *sens* du mot "misérable" dans *Les Misérables.*

2. **signifier** qqch.; **vouloir dire** qqch.

"Misérable" *signifie (veut dire)* pauvre, malheureux, pitoyable.

D. Juger et évaluer

1. **trouver, estimer** (*juger*) **que**

Je *trouve* (j'*estime*) *que* c'est un grand livre.

2. **juste / faux**

Les détails sur la bataille de Waterloo sont *justes,* mais sa description comme "le changement de front de l'univers" me semble *fausse.*

3. **malheureusement** . . . ; **c'est dommage que** + SUBJ   (*c'est regrettable*)

Malheureusement je n'ai pas pu lire d'autres livres d'Hugo.
C'est dommage que je n'aie pas pu lire d'autres livres d'Hugo.

4. **il vaut mieux** faire qqch., **que** + SUBJ

Il *vaut mieux* lire un chef-d'oeuvre que dix livres médiocres.
Il *vaut mieux qu'*on lise un chef-d'oeuvre que dix livres médiocres.

E. Conclure

1. **en somme**

En somme, c'est un livre que je recommande à tout le monde.

2. **donc**

C'est *donc* un livre que je recommande à tout le monde.

3. **par conséquent**

C'est un grand livre, *par conséquent* un livre que tout le monde devrait lire.

notes

- **Signifier** (C.2; prononcer siñifje) est plus théorique et abstrait, indique surtout l'importance d'un phénomène. **Vouloir dire** s'emploie surtout pour expliquer ou traduire un terme.

  Que *signifie* le personnage de Javert dans *Les Misérables?*
  Que *veut dire* "roman" en français?
  —"Roman" *veut dire* oeuvre en prose.

  Vouloir dire peut aussi s'employer avec les personnes. (Remarquer la préposition **par** et la construction **par là.**)

  Qu'est-ce que tu *veux dire par* "grand livre"?
  Je *veux dire par là* qu'il est à la fois beau et important.

- Remarquer que **malheureusement** est suivi de l'indicatif, **c'est dommage que** par le subjonctif (D.3).

- **Il vaut mieux** (D.4) est suivi directement de l'infinitif, sans préposition. **Il vaut mieux que** est suivi du subjonctif.

- **En somme** introduit une conclusion; **donc** souligne un raisonnement déductif, et **par conséquent** un rapport de cause à effet (E). **Donc** au début d'une phrase ou d'une proposition paraît très lourd stylistiquement et est plutôt réservé au style philosophique. Aux temps du passé, on place **donc** entre l'auxiliaire et le participe: "J'ai **donc** lu ce livre avec intérêt".

EXERCICES

I. Remplacer **malheureusement** par **c'est dommage que** en faisant les changements nécessaires.

modèle *Malheureusement,* il n'est pas venu.
*C'est dommage qu'*il ne soit pas venu.

1. Malheureusement, je ne sais pas lire l'allemand.

2. Malheureusement, elle n'écrit pas lisiblement.

3. Malheureusement, nous avons dû partir avant la fin.

4. Malheureusement, il fait très mauvais temps aujourd'hui.

5. Malheureusement, vous n'êtes pas sur la liste.

II. Remplacer **il vaut mieux** + INF par **il vaut mieux** + SUBJ, selon le modèle.

modèle Il vaut mieux partir. (nous)
Il vaut mieux que nous partions.

1. Il vaut mieux terminer tout de suite. (vous)

2. Il vaut mieux faire cela plus tard. (ils)

3. Il vaut mieux écrire à ma tante. (je)

4. Il vaut mieux partir avec lui. (elle)

5. Il vaut mieux avoir de l'argent sur soi. (on)

6. Il vaut mieux prendre le prochain taxi. (tu)

III. Compléter les phrases suivantes.

1. Ce qu'il a dit est faux parce que. . .

2. Il est malade, par conséquent. . .

3. J'ai vu le film dont tu parles et j'estime. . .

4. Souvent, il vaut mieux. . .

5. En somme. . .

6. Cette réponse n'est pas juste:

7. Je pense, donc...

IV. Faire des phrases avec les éléments suivants.

1. trouver / juste / critiquer / professeur

2. elle / vouloir / s'en aller / dommage / ne pas pouvoir le faire

3. je / lire / histoire / en somme / pornographique

4. terminer / par conséquent / libre / partir

5. analyse / intéressant / malheureusement / faux

6. croire / être parti / donc / entrer / chambre

V. Vous remplacerez **sens** par **signifier** ou par **vouloir dire,** et vice versa, dans les phrases suivantes. Puis vous écrirez une réponse de votre invention.

modèle Quel est le *sens* du mot "actuellement"?
(1) Que *signifie* (*veut dire*) "actuellement"?
(2) "Actuellement" *signifie* (*veut dire*) "maintenant", "en ce moment".

1. Que signifie votre question?

2. Que veut dire le titre de ce film?

3. Quel est le sens de son geste?

4. Que signifient tous ces mots sur ma porte?

5. Quel est le sens de l'expression "savoir-faire"?

V · La connaissance A B C D

apprendre le russe

A. Apprendre

1. apprendre, découvrir, qqch., **que**

J'ai *découvert* hier *que* tu *apprends* le russe.

2. enseigner, apprendre, qqch. à qqn; **apprendre à** qqn à faire qqch.

Oui, c'est Madame Dupont qui *enseigne* (*apprend*) le russe aux débutants.
Oui, c'est Madame Dupont qui nous *apprend à* lire le russe, mais non pas
à le parler.

3. avoir entendu dire que (*on dit que; selon les rumeurs*)

J'ai *entendu dire que* c'est une langue très difficile à parler.

B. Comprendre

1. comprendre qqch. / **ne comprendre vraiment pas, pas du tout,** qqch.; qqch. **laisse**
qqn **perplexe**

Les étudiants de Madame Dupont *comprennent* le russe écrit, mais ils ne
comprennent pas du tout le russe parlé (le russe parlé les *laisse perplexes*).

2. être conscient de qqch. (*savoir ou sentir que qqch. existe*)

Madame Dupont ne semble pas *être consciente des* difficultés de sa méthode.

3. se rendre compte de qqch., **que** (*s'apercevoir*)

Elle ne *se rend* pas *compte des* problèmes que pose sa méthode.
Elle ne *se rend* pas *compte que* sa méthode pose des problèmes.

C. Connaître et savoir

1. connaître qqn, qqch. / **savoir** qqch., **savoir pourquoi** ou **que**

Je *connais* des étudiants qui ont abandonné le cours après un semestre parce
qu'ils n'apprenaient pas à parler.
Madame Dupont *sait* bien le russe mais elle ne *connaît* pas bien ses étudiants
et leurs problèmes.
Je ne *sais* pas *pourquoi* elle enseigne ainsi; c'est peut-être parce qu'elle ne
sait pas *que* nous voulons apprendre à parler.

2. savoir que / ignorer que, si

> Elle *sait que* les étudiants veulent apprendre le russe mais elle *ignore qu'*ils veulent apprendre à parler.
> J'*ignore si* elle va donner le même cours l'année prochaine.

D. L'hypothèse

si: voir avec VI.E.3 *Le possible*

notes

- Noter bien que l'on **enseigne** une matière ou une technique plutôt qu'une personne, et que cette matière est enseignée à une personne. On **apprend** aussi à une personne à faire qqch. (A.2).

- Ne pas omettre **dire** dans l'expression **avoir entendu dire que** (A.3). Distinguer cette expression de **avoir entendu parler de**.

- Remarquer que le contraire de **comprendre** est "ne comprendre vraiment pas ou pas du tout" (B.1). Ne pas utiliser dans ce sens **confondu** ou **confus**.

- Le verbe **réaliser**, qui signifie en fait "rendre concret ou réel", remplace de plus en plus **se rendre compte** (B.3) mais celle-ci reste l'expression correcte, surtout dans la langue écrite.

- **Savoir** indique le fait de posséder intellectuellement; avec **connaître** il s'agit plutôt de familiarité, par fréquentation (C.1). On ne dit pas "savoir" une personne ou un objet, et **connaître** est suivi d'un nom, pas d'une proposition.

- Bien remarquer le sens en français de **ignorer**: ne pas savoir (C.2). On dit **ignorer que** quand la chose est déjà établie; et **ignorer si** quand la chose reste à établir. Par exemple:

> Elle *ignorait que* j'étais déjà arrivé.
> J'*ignore si* je pourrai partir demain.

En général, **ignorer** est réservé pour la langue écrite.

Grande-Bretagne

Le prince Charles reproche au patronat d'ignorer « l'importance du facteur humain »

58

EXERCICES

I. Remplacer par des pronoms les compléments d'object direct et indirect.

> **modèle**   On enseigne le piano aux élèves doués.
> On *le leur* enseigne.

1. L'instituteur a enseigné le dessin aux élèves.

2. Mon père m'a enseigné le chant.

3. L'institutrice enseigne la conjugaison des verbes à la classe.

4. Cet été, je vais vous enseigner le tennis.

II. Dans ces mêmes phrases, remplacer **enseigner** par **apprendre** + INFIN, selon le modèle.

> **modèle**   On *enseigne* le piano aux élèves doués.
> On *apprend* aux élèves doués *à jouer* du piano.

1.

2.

3.

4.

III. Remplacer **savoir que** par **ignorer si**.

> **modèle**   Je *sais qu'*elle travaille bien.
> J'*ignore si* elle travaille bien.

1. Je *sais qu'*elle a oublié sa leçon.

2. Nous *savons que* le train arrivera à l'heure.

3. Les médecins *savent qu'*il va guérir.

4. L'avocat *sait que* son client gagnera son procès.

IV. Finir les phrases commencées.

> **modèle**   Je connais mon mari, et je sais . . .
> Je connais mon mari, et je sais qu'il a bon coeur.

1. Je connais Simone, et je sais . . .

2. Je connais mon frère, et je sais . . .

3. Je connais ces étudiants, et je sais . . .

4. Je connais le président, et je sais . . .

5. Je connais ton coeur, et je sais . . .

V. Remplacer les compléments d'objet par **en.**

modèle Les professeurs se rendent compte *des problèmes de leurs étudiants.*
Les professeurs s'*en* rendent compte.

1. Alain se rend compte de l'impossibilité où il est de compléter son projet.

2. Je me suis rendu compte de ta présence trop tard.

3. Les hommes politiques devraient être conscients des problèmes de leurs électeurs.

4. Tu ne te rends pas compte des obstacles que tu crées.

5. Alicia n'est même pas consciente du mal qu'elle lui a fait.

6. Ils se sont rendu compte qu'il faut voter pour la gauche.

VI. Ecrire des phrases équivalentes, en remplaçant les expressions en italique.

1. Je *ne comprends vraiment pas* ta réaction.

2. Il faut *être conscient de* l'importance de la contraception.

3. André *a découvert que* sa femme vient d'être nommée ministre.

4. Les déclarations d'impôts *me laissent perplexe.*

5. Vous *ne saviez pas* qu'il était malade.

6. Mon tuteur m'a *enseigné* le latin.

VII. Faire des phrases avec les éléments donnés.

1. les parents / ne pas / se rendre compte / le monde / changer

2. je / entendre dire / le franc / baisser (passé composé)

3. laisser perplexe / situation économique / moi

4. falloir / parents / apprendre / enfants / bien manger

5. vous / comprendre / pas du tout / situation (passé composé)

6. les Américains / devoir / se rendre compte / problèmes en Europe

7. vous / ne jamais / connaître / malheur (passé composé)

VIII. Compléter ces phrases:

1. Hier, j'ai entendu dire . . .

2. Sylvie apprend à son fiancé . . .

3. Les parents ne comprennent pas . . .

4. Il faut toujours se rendre compte . . .

5. Si on n'est pas conscient . . .

6. Je ne saurai jamais pourquoi . . .

Il serait ingénieur
s'il n'avait pas perdu son père.

V · La connaissance E F G

un politicien menteur

E. La vérité

1. vrai / faux; dire la vérité / faire une erreur / mentir, dire un mensonge

Certains politiciens disent des choses *vraies*, mais ce que dit Durand est *faux*. Je respecte les politiciens qui essaient de *dire la vérité*, mais Durand *fait* tant *d'erreurs* que je crois vraiment qu'il *ment* (*dit des mensonges*).

2. avoir raison / tort de faire qqch.; se tromper en faisant qqch.

Les critiques de Durand *ont raison de* dire qu'il *a tort de* promettre (*se trompe en* promettant) tout à tout le monde.

F. L'apparence

1. il semble que + SUBJ

Quand il parle, *il semble que* tout soit possible.

2. avoir l'air + ADJ, d'être ou de faire qqch. (*paraître*)

Durand *a* toujours *l'air* très sûr de l'avenir.
Durand *a* toujours *l'air de* savoir exactement ce qui va arriver.

3. apparemment (*selon les apparences*)

Apparemment beaucoup de gens le croient: il a été élu plusieurs fois.

4. faire semblant de faire qqch.; tromper qqn

Il *fait semblant de* défendre les pauvres, et il *trompe* ainsi beaucoup de gens.

G. L'évidence

1. évidemment; il est évident que

Evidemment, il ne peut pas tromper tout le monde.
*Il est évident qu'*il ne peut pas tromper tout le monde.

2. bien entendu; bien sûr

Bien entendu (*Bien sûr*), certaines personnes ont compris que c'est un menteur.

3. montrer, prouver, qqch.

Les dernières élections *ont montré* (*prouvé*) que sa popularité diminue.

notes

- **L'erreur** est une faute "innocente"; **le mensonge** est volontaire (E.1).

- Remarquer la différence syntaxique entre **avoir raison de** faire qqch. et **se tromper en** faisant qqch. (E.2).

- Le nom est **apparence** (F) mais le verbe est **paraître**. Ne le confondez pas avec "apparaître", qui veut surtout dire "se montrer brusquement".

- Bien noter que **il semble que** est suivi du subjonctif (F.1). Cf. **il me semble que** (II.A.1).

- Quand **avoir l'air** est suivi d'un adjectif, celui-ci prend la forme masculine (parce qu'il qualifie **air**). Quand il est suivi de **de** + **être** + ADJ, celui-ci prend la forme appropriée pour qualifier le sujet de la phrase (F.2). Par exemple: "Cette salade a l'air délicieux" mais "cette salade a l'air d'être délicieuse".

- Bien noter qu'**apparemment** (F.3) parle de ce qui semble être le cas; **évidemment** (G.1) indique ce qui est clair et ne fait pas de doute. Noter aussi l'orthographe de chacun de ces adverbes.

- Bien distinguer entre le sens de **faire semblant** ("donner délibérément une certaine apparence", F.4) et **prétendre** ("déclarer, affirmer", II.B.2).

Les miroirs peuvent mentir.

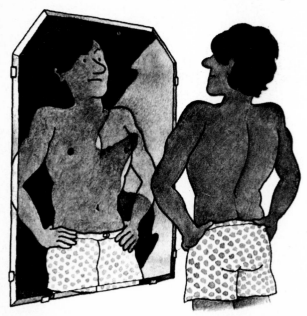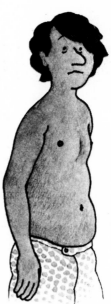

Pas Terraillon.

EXERCICES

I. Remplacer **il faut** par l'impératif, selon le modèle.

    modèle   *Il faut* dire la vérité.
              (1) *Dis* la vérité.
              (2) *Dites* la vérité.

1. Il faut dire un mensonge, alors.

2. Il faut montrer qu'il a raison.

3. Il faut faire semblant de l'aimer.

4. Il faut dire des choses vraies.

II. Remplacer **il ne faut pas** par l'impératif négatif, selon le modèle.

    modèle   *Il ne faut pas* dire la vérité.
              (1) *Ne dis pas* la vérité.
              (2) *Ne dites pas* la vérité.

1. Il ne faut pas dire de mensonges.

2. Il ne faut pas faire d'erreurs.

3. Il ne faut pas avoir l'air bête.

4. Il ne faut pas tromper nos amis.

5. Il ne faut pas se tromper.

III. Remplacer **avoir l'air** + ADJ par **avoir l'air de** + **être**.

    modèle   Il a l'air *triste*.
              Il a l'air *d'être triste*.

1. Vous avez l'air fatigué ce soir.

2. Ces enfants ont l'air timide.

3. Cette fille a l'air intelligent.

4. Tu as l'air perplexe.

IV. Ecrire des phrases contraires en remplaçant les expressions en italique.

1. Tu *as raison* d'avoir peur de lui.

2. Il *se trompe* en insistant sur la discrétion.

3. Pourquoi disent-ils *ce mensonge?*

4. Ne lui dis pas *la vérité.*

5. Ce qu'il a dit est *vrai.*

V. Faire des phrases avec les éléments donnés.

1. tu / l'air / chercher une réponse (imparfait)

2. bien entendu / les experts / se tromper

3. il / pouvoir / faire une erreur / je ne crois pas / dire des mensonges

4. ne pas / être évident / ils / avoir raison

5. falloir / tu / faire semblant / aimer / sa nouvelle voiture (futur)

VI. Compléter les phrases suivantes.

1. Bien sûr, tu pourrais . . .

2. Ne vous trompez pas en . . .

3. Elle ne me semble pas compétente, mais apparemment . . .

4. Il ne faut pas faire semblant . . .

5. A-t-on prouvé . . .

6. On aurait tort de croire . . .

VII. Vous êtes professeur, et vous expliquez à vos étudiants l'importance des examens. Employer les mots et constructions suivants: **il semble que, apparemment, il est évident, bien sûr, bien entendu, prouver.**

VI · Situation et devenir A B C

aller vivre en France

A. Le moment

1. le moment, le jour, l'époque, où

Je me souviens très bien *du moment* même (*du jour*) *où* je suis arrivé en France. C'était *l'époque où* je faisais mes études.

2. la fois *(le moment, l'occasion)*; le temps *(la durée)*

C'était *la* première *fois* que j'allais en France, mais je me suis habitué en très peu de *temps*.

3. il y a + période de temps *(pour indiquer le temps qui a passé depuis)*

J'ai fait ce premier voyage *il y a* huit ans.

B. Avant et après

1. avant / après qqch.
avant de faire qqch. / **après avoir fait** qqch.
avant que + SUBJ / **après que** + INDIC

Je ne voulais pas partir *avant* la fin de mes études; je savais qu'*après* cette année je serais plus libre.
J'ai fait beaucoup de préparatifs *avant de* partir; comme cela j'ai eu moins de difficultés *après être* arrivé.
Avant que je parte mes parents étaient contre le voyage, mais *après que* je suis parti ils ont décidé que c'était une bonne idée.

2. être en avance / à l'heure / en retard

Je voulais être sûr d'être *à l'heure* pour mon départ, et je suis arrivé très *en avance*. C'était mieux que d'être *en retard* pour un voyage aussi important.

3. récemment / en ce moment / bientôt

Des amis de mes parents sont arrivés à Paris *récemment*, et je suis très occupé *en ce moment*, parce que je dois leur montrer Paris. J'espère qu'ils partiront *bientôt*.

4. venir de + INFIN *(avoir fait très récemment)*

Je *viens de* faire la connaissance de Parisiens très intéressants et je préfère passer mon temps avec eux.

C. Fréquence et progression

1. toujours / souvent / quelquefois / rarement / ne ... jamais

> Au début de mon séjour à Paris, j'écrivais *toujours* à mes parents et *souvent* à mes amis américains, mais ils m'écrivaient *rarement* et certains amis *n*'ont *jamais* répondu.

2. tous les + nombre de fois (ou unité de temps)

> *Tous les quinze jours* je téléphonais à mes grands-parents et *tous les mois* c'était leur tour de me rappeler.

3. plus ... plus ... / moins ... moins ...

> *Plus* je faisais la connaissance des Parisiens, *plus* j'étais content d'être à Paris. *Moins* mes amis m'écrivaient, *moins* j'attendais leurs lettres.

notes

- Quelque chose arrive ou est arrivé **le** jour **où** quelque chose d'autre se passe (s'est passé); mais on dit **au** moment **où** et **à** l'époque **où** (A.1).

- Distinguer entre **le temps**, qui est le phénomène en général; et **la fois** qui représente un moment, une occasion, etc., spécifique (A.2).

- Bien noter toutes les différences syntaxiques entre les constructions avec **avant** et celles avec **après**, et en particulier l'emploi du subjonctif avec **avant que** (B.1).

- Avec l'emploi de **avant** et **après**, il faut chercher la plus grande concision stylistique possible. L'infinitif est préférable à la proposition: "avant de sortir" plutôt que "avant que je sorte". Et le substantif est souvent préférable à l'infinitif: "avant mon arrivée" plutôt que "avant d'arriver".

- On emploie les conjonctions **avant que** et **après que** quand le sujet de la proposition qui les suit n'est pas le même que dans celle qui les précède.

  > J'ai quitté l'école avant d'avoir 18 ans. (Ce sont mes 18 ans.)

  > mais: J'ai quitté l'école avant que mes amis aient 18 ans. (Ce sont les 18 ans de mes amis.)

- Ne pas oublier: **après avoir fait** qqch. (B.1) exprime le fait qu'il faut l'infinitif passé, par conséquent il faut utiliser l'auxiliaire **être** avec un certain nombre de verbes: après être venu, après être allé, après être parti, etc.

- Quand **venir** est au présent (**venir de**, B.4) on situe l'action par rapport au présent: "je viens d'arriver". **Venir** à l'imparfait situe deux actions dans le passé: "Je venais d'arriver quand il est sorti".

- Remarquer la syntaxe de **plus ... plus ...** et **moins ... moins ...** (C.3): il n'y a ni **le** ni **que** en français. Il est possible aussi de dire **plus ... moins ...** ; et **moins ... plus ...** . Le temps de chaque verbe est le même.

  > Plus je connaissais Paris plus j'étais content.
  > Plus je me promène à Paris moins je veux repartir.
  > Moins je resterai à New York plus vite je retournerai à Paris.

EXERCICES

I. Dans les phrases suivantes remplacer **avant** / **après** + NOM par **avant** / **après** + INF (attention aux formes de l'infinitif).

> **modèle**   Il m'a parlé au téléphone avant / après son départ.
>   (1) Il m'a parlé au téléphone *avant de partir*.
>   (2) Il m'a parlé au téléphone *après être parti*.

1. Il aimerait voir la maison avant / après l'achat.

2. Je lui ai téléphoné avant / après le paiement.

3. Nous ferons aménager l'appartement avant / après notre arrivée.

4. Vous devriez vous reposer avant / après la course.

5. Elle n'a rien dit avant / après sa mort.

II. Faire deux phrases avec les éléments suivants, l'une avec **avant que**, l'autre avec **après que**.

> **modèle**   elle / sortir . . .
>   (1) Elle est sortie *avant que j'arrive*.
>   (2) Elle est sortie *après que je suis arrivé*.

1. nous / travailler . . .

2. ils / voir le film . . .

3. elle / disparaître . . .

4. vous / devoir partir . . .

5. tu / t'habiller . . .

III. Mettre le verbe à l'imparfait ou au passé composé, selon le cas.

> **modèle**   Je (lire) _____ trois de ses articles récemment.
>   J'*ai lu* trois de ses articles récemment.
>
>   Le dimanche, nous (lire) _____ le journal.
>   Le dimanche, nous *lisions* le journal.

1. Toutes les deux semaines, Frank (venir) _____ nous rendre visite.

2. Je le déteste depuis le moment où je (faire) _____ sa connaissance.

3. D'habitude, nous (partir) _____ bien en avance, mais quelquefois nous (être) _____ en retard. Nous (prendre) _____ rarement l'autocar.

4. Je ne ... jamais (recevoir) _____ ta carte postale.

5. Elle (mourir) _____ il y a deux ans.

6. Plus ils (voyager) _____ et moins ils (voir) _____.

7. A l'époque où je (faire la connaissance) _____ de son mari, il (être) _____ jeune et beau.

8. Quand il le fallait, ils (être) _____ toujours à l'heure; mais souvent ils (prendre) _____ leur temps.

IV. Faire des phrases avec les éléments suivants.

1. mon ami / partir / il y a ...

2. en ce moment / situation politique / bientôt

3. ce professeur / rarement / ses étudiants / souvent

4. avant / tous les ... / après / ne ... jamais

5. mon mari / venir de ...

V. Compléter les débuts des phrases suivantes.

1. Plus je lis ce roman, plus je ...

2. Plus elle chantait ...

3. Moins tu travailles, moins tu ...

4. Plus nous voyageons, moins ...

5. Moins vous embrassez les garçons, plus ...

VI. Ecrire des phrases en remplaçant les mots en italique par leurs contraires.
1. Remercie-le *avant d'*ouvrir le paquet.

2. Je *vais* le voir.

3. Les invités sont toujours *à l'heure.*

4. On le voit *toujours*.

5. Ils découvriront *bientôt* un remède.

VII. Vous raconterez un événement récent en articulant les dates, heures et moments du récit à l'aide des mots et constructions suivants: **le jour, récemment, quelquefois, en retard, la fois, il y a . . . , avant / après, tous les.**

Après la démission de M. Dayan, les travaillistes réclament des élections anticipées

VI · Situation et devenir D

habiter Paris, puis New York

D. La durée

1. **pendant** + période de temps   (*au passé ou au futur*)
   pour + période de temps   (*au futur, ou une durée envisagée*)

   J'ai habité Paris *pendant* huit ans et j'espère y retourner bientôt *pour* un an.

2. verbe au PRES + **depuis** + période de temps   (*une durée qui continue dans le présent*)

   En ce moment j'habite New York *depuis* six mois.

3. verbe au PRES + **depuis** + un moment   (*une durée qui continue dans le présent*)

   Je suis à New York *depuis* octobre dernier.

4. verbe au PASSE COMP et au NEG + **depuis** + période de temps (*l'action n'est pas arrivée depuis un certain temps*)

   Je n'ai pas habité Paris *depuis* six mois.

5. **depuis que** + verbe au PRES   } *les effets d'une situation commencée*
   depuis que + verbe au PASSE COMP } *dans le passé continuent dans le présent*

   Je suis malheureux *depuis que* je suis à New York.
   Je suis malheureux *depuis que* j'ai quitté Paris.

6. **ne . . . pas encore / déjà; encore / ne . . . plus**

   Je *ne* suis *pas encore* habitué à New York et je pense *déjà* à mon retour à Paris.
   Quand je suis arrivé à New York j'avais *encore* des idées françaises mais bientôt
   je *ne* saurai *plus* si je suis Français ou Américain.

7. **jusqu'à** + moment / **ne . . . pas avant** + moment / **à partir de** + moment

   Je resterai ici *jusqu'à* l'année prochaine parce que je *ne* peux *pas* partir *avant*
   mars. A *partir de* mars je pourrai retourner à Paris.

8. **en** + laps de temps   (*la durée*) / **dans** + laps de temps   (*au futur*)

   Quand je suis arrivé à Paris je me suis orienté *en* deux jours. (*Cela m'a pris
   deux jours.*)
   J'espère retourner en France *dans* quelques mois. (*Je dois attendre quelques
   mois avant de le faire.*)

- Avec **pendant** + période de temps au passé (D.1), le verbe est presque toujours au passé composé.

- Bien noter les temps de verbe avec **depuis** et **depuis que** (D.2, D.3, D.4, D.5).

- Dans des phrases déclaratives, **depuis** etc. suit presque toujours le verbe. Dans des phrases interrogatives, **depuis** etc. se trouve au début de la phrase. Les questions prennent la forme suivante:

  par rapport à un moment: "Depuis quand . . . ?"

  une quantité de temps: "Depuis combien de temps . . . ?"

- Noter que les contraires indiqués dans D.6 et D.7 expriment surtout la notion d'une durée avant ou après un moment, et une durée "remplie" ou non. Ainsi, par exemple, la négation de **jusqu'à** est **ne . . . pas avant** (D.7).

- Bien remarquer que **en** spécifie le temps qu'une action prendra; **dans** la durée après laquelle l'action aura lieu (D.8).

Votre vieux rasoir vit dans l'angoisse à l'idée qu'il vous reste 30 jours pour profiter de cette offre.

Offrez M 3.
Le nouveau Remington. Unique au monde.

EXERCICES

I. Mettre les verbes à la forme négative en faisant les changements nécessaires.

modèle J'écris des lettres depuis la semaine dernière.
Je *n'ai pas écrit de* lettres depuis la semaine dernière.

1. J'assiste à ce cours depuis la semaine dernière.

2. Il prend des photos depuis des années.

3. Il pleut depuis deux semaines.

4. On se moque de lui depuis son arrivée.

5. Ton ami parle depuis une demi-heure.

II. Mettre **depuis, pendant** ou **pour.**

1. Charles est malade _____ trois mois.

2. Ils sont restés aux Etats-Unis _____ un an.

3. _____ quand sont-ils partis?

4. Il a plû _____ toute la journée.

5. Ils sont heureux _____ longtemps.

6. Il n'est plus professeur _____ plusieurs années.

7. Tu vas partir _____ trois ans?

8. Nous ne l'avons pas vue _____ l'année dernière.

9. J'aime les mathématiques _____ que tu m'aides avec mes devoirs.

10. Il l'a regardé _____ qu'elle se coiffait.

III. Formuler une question d'après la réponse donnée, en employant **depuis quand** ou **depuis combien de temps.**

modèle Max a sa voiture depuis six mois.
Depuis combien de temps Max a-t-il sa voiture?

Max a sa voiture depuis le 6 septembre.
Depuis quand Max a-t-il sa voiture?

1. Mon téléviseur ne marche pas depuis le jour des élections.

2. Ils font ce bruit depuis déjà cinq heures.

3. René est triste depuis la mort de son chat.

4. Nous achetons cette marque de café depuis que tu nous l'as recommandée.

5. Fernande joue de la guitare depuis deux ans.

IV. Situez-vous ici, dans des phrases complètes.

   1. Combien de temps a duré votre voyage?

   2. Depuis combien de temps êtes-vous ici?

   3. Combien de temps resterez-vous ici?

   4. Depuis quand (depuis quelle heure) êtes-vous levé aujourd'hui?

   5. Depuis combien de temps êtes-vous levé aujourd'hui?

   6. Dans combien de temps sortirez-vous?

V. Compléter les débuts de phrases suivants:

   1. Je n'ai pas vu mes parents depuis . . .

   2. Je n'ai pas vu mon petit ami (ma petite amie) depuis que . . .

   3. Hier soir, pendant que tout le monde dormait . . .

   4. Depuis des années . . .

   5. Je le ferai en cinq minutes . . .

   6. Depuis que je te connais . . .

VI. Vous étudiez le francais depuis quatre ans, et ce soir vous devez finir une dissertation importante sur la littérature. Evoquez la situation avec les expressions suivantes.

   1. déjà

   2. ne . . . pas encore

   3. jusqu'à

   4. à partir de

   5. encore

   6. ne . . . plus

VI · Situation et devenir E F

une maladie grave

E. Le possible et le probable

1. peut-être; peut-être + inversion du sujet et du verbe (*c'est possible*)

> Il est très malade mais il va *peut-être* guérir.
> *Peut-être va-t-il* guérir bien qu'il soit très malade.

2. sans doute; sans doute + inversion du sujet et du verbe (*c'est probable*)

> Il a un bon médecin. Il va *sans doute* guérir.
> *Sans doute va-t-il* guérir, car il a un bon médecin.

3. si + PRES / FUT; IMPARF / COND; PLUS-QUE-PARF / COND DU PASSE

> **S'**il écoute son médecin il guérira. (PRES / FUT: *possibilité réelle*)
> **S'**il se reposait plus il guérirait plus vite. (IMPARF / COND: *possibilité hypothétique*)
> **S'**il avait fait plus attention il ne serait pas tombé gravement malade. (PLUS-QUE-PARF / COND DU PASSE: *possibilité déjà non réalisée*)

F. Le devenir

1. devenir + ADJ ou NOM

> S'il guérit, son médecin *deviendra* un homme célèbre.

2. changer / durer; rester

> Il a beaucoup *changé* depuis qu'il est malade.
> Sa maladie *dure* depuis quatre mois.
> Même s'il guérit il en *restera* affaibli.

3. s'améliorer (*devenir meilleur*) / **empirer** (*devenir plus mauvais*)

> Sa condition ne *s'améliore* pas et le médecin pense qu'elle pourrait même *empirer*.

4. rendre qqn ou qqch. + ADJ /**faire de** qqn ou qqch., autre chose

> Ce sont ses activités qui l'ont *rendu* malade.
> Ce sont ses activités qui ont *fait de* lui l'homme affaibli qu'il est actuellement.

notes

- **Peut-être** (E.1) indique la possibilité, **sans doute** (E.2) la probabilité (et **sans aucun doute** la certitude). Bien remarquer que quand ces constructions se trouvent au début de la phrase il faut l'inversion du sujet et du verbe. Dans la langue parlée, on peut commencer par **Peut-être que, Sans doute que**, sans l'inversion.

- Faites bien attention à la concordance des temps de verbe après **si** (E.3).

- Bien remarquer la différence de sens entre **durer** et **rester** (F.2). Les deux indiquent la continuité, mais dans le cas de **durer** il s'agit de la continuité en général, depuis un moment et vers un autre. **Rester** indique le fait de continuer malgré des obstacles ou après l'élimination ou la disparition d'autre chose. C'est pourquoi **durer** est suivi le plus souvent d'indications temporelles (**durer depuis** quatre mois, **durer** encore, etc.), et **rester** d'un adjectif (**rester** affaibli).

- Noter que **s'améliorer** et **empirer** (F.3) indiquent un changement ou devenir qui augmente une situation établie mais n'en change pas la nature: **s'améliorer** veut dire aller de "bon" à "meilleur" ou "mieux"; **empirer** signifie aller de "mauvais" ou "grave" à "plus mauvais, plus grave, pis, etc.". Dans la langue courante **s'améliorer** peut s'employer aussi pour indiquer tout changement pour le mieux, même de "mauvais" à "moins mauvais": "l'état du malade ne s'améliore pas" (*il reste aussi malade qu'avant*).

- Bien remarquer la différence syntaxique entre **rendre** + ADJ et **faire de** + NOM (F.4). Par exemple: "une guérison **rendrait** le médecin célèbre" mais "une guérison **ferait du** médecin un homme célèbre".

EXERCICES

I. Modifier l'ordre des mots dans les phrases suivantes pour faire une autre phrase avec le même sens.

modèle Il partira peut-être demain.
Peut-être partira-t-il demain.

1. Il faudra peut-être partir.

2. Il a sans doute fallu l'obliger à le faire.

3. Sans doute vaut-il mieux s'en aller tout de suite.

4. Peut-être le verrons-nous la semaine prochaine.

5. C'est peut-être une bonne chose.

6. Vous êtes sans doute la seule personne capable de le faire.

II. Combiner les deux phrases à l'aide de **si** pour exprimer la notion indiquée entre parenthèses. (Il faudra changer le temps des verbes dans certains cas.)

modèle Vous nous invitez. Nous venons. (possibilité réelle)
Si vous nous invitez, nous *viendrons*.

1. Elle part. Elle ne revient pas. (possibilité hypothétique)

2. Tu écoutes un disque. Tu ne peux pas travailler correctement. (possibilité réelle)

3. Ils sont venus plus tôt. Ils ont pu tout voir. (possibilité non réalisée)

4. Je veux. Je peux le faire. (possibilité hypothétique)

5. Ils veulent. Nous pouvons le leur montrer. (possibilité non réalisée)

6. Vous partez. Je vous accompagne. (possibilité réelle)

III. Terminer les phrases suivantes:

1. Si j'avais 20 dollars . . .

2. Si j'avais 200 dollars . . .

3. Si j'avais 2.000 dollars . . .

4. S'il pleut . . .

5. Si tu m'avais écouté . . .

6. Si vous continuez ainsi . . .

7. Si nous voulions vraiment nous amuser . . .

8. Si elle était partie plus tôt . . .

IV. Remplacer **faire de** par **rendre**, en changeant le nom en adjectif.

modèle   Leur succès *a fait d'*eux des égoïstes.
Leur succès les *a rendu égoïstes.*

1. Son expérience *fera de* lui un savant.

2. Mes amours ont *fait de* moi un homme sensible.

3. De tels événements *feront de* moi un pessimiste.

4. Trop de savoir *fait de* nos étudiants des imbéciles.

5. La vie a *fait de* Jean-François un réaliste.

V. Remplir les blancs avec des mots exprimant le devenir (VI.F).

1. En étudiant dur, on peut _____ vraiment savant.

2. Si votre point de vue ne _____ pas, je serai obligé de partir.

3. Ses études en Angleterre le _____ snob.

4. Un seul problème _____ ; mais celui-là est énorme.

5. Son héritage _____ d'elle une personne beaucoup plus généreuse.

6. La situation politique va peut-être _____, mais qui sait?

VI. Faire une phrase avec les éléments suivants et qui exprime la notion entre parenthèses.

modèle   la situation / s'améliorer (certitude)   La situation s'améliorera *sans aucun doute.*

1. pleuvoir / demain (possibilité)

2. nous / aller / cinéma / ce soir (probabilité)

3. Dupont / toujours le même (continuité)

4. la fête / très tard (continuité)

5. il / regretter / insensibilité (certitude)

VII. Décrire les rapports entre deux pays, en utilisant les mots et constructions suivants: **s'améliorer, rester, peut-être, si, rendre, durer.**

VI · Situation et devenir G H

une maladie grave

G. L'événement

1. qqch. **arrive / il se passe** qqch. / un événement (réunion, fête, etc.) **a lieu**

C'est *arrivé* brusquement.
Je sentais déjà qu'*il se passait* quelque chose de bizarre.
Si jamais il guérit, une fête *aura lieu* la semaine suivante.

2. par hasard   (*d'une manière accidentelle*)

Par hasard, le médecin se trouvait près de lui quand il a eu son attaque.

3. la (bonne) chance; avoir la chance de faire qqch.; **avoir de la chance que** + SUBJ

C'était *une chance.*
Il *a eu la chance* d'avoir un médecin près de lui.
Il *a eu de la chance que* nous ayons trouvé un médecin.

4. avoir l'occasion de faire qqch.

Les médecins n'*ont* pas toujours *l'occasion* de soigner si vite la victime d'une attaque.

H. Le mouvement

1. bouger; remuer une partie du corps / **être, rester, immobile**

Le médecin lui a dit de ne pas *bouger*, de ne *remuer* même pas les jambes. Il doit *rester* complètement *immobile.*

2. rapide / rapidement, vite

Tout le monde lui souhaite une guérison *rapide* (qu'il guérisse *rapidement, vite*).

3. revenir   (→ *ici*); **retourner**   (→ *là-bas*); **rentrer**   (→ *chez soi*)

J'allais *revenir* de New York la semaine prochaine, mais quand j'ai appris la nouvelle de sa maladie je suis *rentré* tout de suite. Je ne *retournerai* pas à New York avant qu'il soit guéri.

notes

- **Arriver, se passer** et **avoir lieu** (G.1) n'ont pas des sujets interchangeables.

- **Avoir lieu** s'utilise pour des activités plus ou moins organisées ou prévues; **arriver** est le verbe le plus courant pour les événements de toutes sortes. **Se passer** s'emploie surtout: (1) avec **il** comme sujet invariable et suivi de la chose désignée ("**il se passe** des choses bizarres, **il s'est passé** quelque chose la semaine dernière"); ou (2) dans des questions types ("Qu'est-ce qui **se passe?** Que **se passe-t-il?**"). On emploie aussi **se passer** pour situer une histoire ("l'histoire **se passe** en France, la scène **se passe** dans une université, etc.").

- Dans les constructions avec **la chance** (G.3) il est question de la fortune ou de la bonne fortune. **L'occasion** (G.4) représente un moment *opportun* pour faire quelque chose.

(Le mot "opportunité" ne désigne en français que le caractère opportun d'une action: "l'opportunité de son départ n'était pas évidente". C'est donc un mot très rare en français.)

- Une personne (toute la personne) **bouge**, mais quand il s'agit d'une partie du corps on emploie souvent **remuer** (H.1).

- **Rapide** est un adjectif alors que **rapidement** et **vite** sont des adverbes, et ne peuvent donc pas qualifier un nom (H.2).

- **Revenir** signifie quitter un endroit pour venir où on a déjà été (souvent l'endroit d'où on parle); **retourner** signifie quitter l'endroit d'où on parle pour aller où on est déjà allé; **rentrer** signifie revenir ou retourner chez soi (sa chambre, sa maison, sa résidence, sa patrie) (H.3). Tous les trois verbes sont conjugués avec **être** au passé.

S.N.C.F. : le triste bilan d'une grève qui n'a pas eu lieu...

Entre les officielles et les « parallèles »
Ski : la guerre des écoles n'aura pas lieu

EXERCICES

I. Remplir les blancs avec le verbe entre parenthèses au plus-que-parfait.

    modèle   La semaine dernière j'ai enfin lu le livre que je (acheter) _____ à Paris.
                  La semaine dernière j'ai enfin lu le livre que *j'avais acheté* à Paris.

  1. Il a fallu rentrer tout de suite; Jean (oublier) _____ ses lunettes.

  2. Si tu (revenir) _____ plus tôt, tu aurais pu voir mon frère.

  3. Le journaliste la (reconnaître) _____ par hasard avant son départ hier.

  4. Malheureusement, elle est arrivée trop tard: la réception (avoir lieu) _____ la veille.

  5. Le jeudi, il rentrait toujours après que nous (dîner) _____.

II. Mettre ces phrases au passé, en vous servant du plus-que-parfait.

    modèle   Le reporter dit qu'il s'est passé un événement grave.
                  Le reporter a dit qu'il *s'était passé* un événement grave.

  1. Il me semble que rien ne s'est passé.

  2. J'ai oublié tout mon espagnol; je n'ai jamais eu l'occasion de m'en servir.

  3. S'il avait la chance de rencontrer un bon agent publicitaire, il deviendrait célèbre.

  4. Elle reste immobile parce que le médecin lui a dit de ne pas bouger.

  5. L'agent de police veut savoir ce qui est arrivé.

III. Faire une phrase avec les éléments suivants et qui exprime la notion entre parenthèses.

    modèle   scène / Angleterre (événement)
                  La scène *se passe* en Angleterre.

  1. une chose extraordinaire / hier (événement)

  2. elle / ne jamais / étudier l'histoire de l'art (moment opportun)

  3. Marie-Jeanne / gagner (accident)

  4. la fête / le mois prochain (événement)

  5. je / ne ... pas / voyager (bonne fortune)

  6. je / ne ... pas / comprendre / ce qui (événement)

IV. Remplir les blancs avec des mots exprimant le mouvement.

1. Tout a changé si _____!

2. Votre fille a fait des progrès très _____.

3. Il est presque midi; nous devrions _____ déjeuner.

4. Ne _____ pas; tu as une abeille sur l'épaule.

5. "Il est chez lui en ce moment, Monsieur; quand il _____ je lui dirai que vous avez téléphoné".

6. J'ai entendu quelque chose _____ dans les arbres.

7. Il n'y avait pas de mouvement: tout—arbres, lac, ciel— _____.

8. Le jeune homme, la valise à la main, marchait _____ vers la gare.

9. J'espère que vous n'aurez pas à _____ en Europe avant l'année prochaine.

V. Ecrire des phrases à sens équivalent en remplaçant l'expression en italique.

1. Il *s'est passé* quelque chose d'extraordinaire.

2. Les oiseaux semblent *remuer* toujours.

3. Nous aurons *vite* terminé ce travail.

4. La table tournante *n'est pas restée* immobile!

VI. Compléter les phrases suivantes.

1. Si j'avais eu de la chance . . .

2. Si j'avais eu l'occasion . . .

3. L'histoire de son livre se passe . . .

4. Avec un peu de chance . . .

5. Il faut rentrer quand . . .

6. Mon mari n'est jamais revenu . . .

VII. Ecrire une histoire de fantôme en vous servant des mots et tournures suivants: **avoir lieu, occasion, arriver, vite, par hasard, bouger, retourner.**

VII · L'activité A B C

réussir à un examen

A. Volonté et but

1. vouloir faire qqch., **que** + SUBJ; **espérer** faire qqch., **que** + INDIC

> Je veux réussir parce que je *veux que* le professeur sache que le cours m'intéresse.
> J'*espère* convaincre le professeur que je suis un étudiant sérieux.
> J'*espère qu*'il comprendra que je suis un étudiant sérieux.

2. pour faire qqch.; **pour que** + SUBJ

> J'ai beaucoup travaillé *pour* réussir à cet examen.
> Je veux y réussir *pour que* le professeur sache que le cours m'intéresse.

B. L'initiative

1. décider de faire qqch., **que**

> J'ai *décidé de* réussir (*que* je vais réussir) à l'examen.

2. commencer qqch., **à** ou **de** faire qqch. / **finir** qqch., **de** faire qqch.

> J'ai déjà *commencé* mes préparations (*à* ou *de* me préparer) et je ne les finirai (ne *finirai de* me préparer) que quelques minutes avant l'examen.

3. aider qqn **à** faire qqch. / **empêcher** qqn **de** faire qqch.

> La stéréo de mon camarade de chambre m'a *empêché de* travailler la dernière fois mais cette fois-ci il a accepté de *m'aider à* le faire en baissant le volume.

C. Moyen et manière

1. avec qqch.

> J'ai préparé l'examen *avec* un dictionnaire, un livre de grammaire et mes notes de cours.

2. employer qqch.

> Pour préparer l'examen j'ai *employé* deux livres et mes notes de cours.

3. la manière, la façon, de faire qqch.

> Je suis sûr que c'est *la* meilleure *manière* (*façon*) *de* préparer cet examen.

Tous les meilleurs étudiants l'ont préparé de cette *manière (façon)*.
Que penses-tu de *la manière (façon) dont* je l'ai préparé?

4. faire qqch. **en** + PART PRES ("le gérondif")

J'ai préparé l'examen *en travaillant* dur et *en consultant* mes livres et mes notes, et j'y ai réussi!

notes

- **Vouloir que** (A.1) et **pour que** (A.2) sont suivis du subjonctif. **Espérer que** (A.1) est suivi de l'indicatif à l'affirmatif et du subjonctif au négatif et à l'interrogatif (comme **croire** et **penser**).

- **Vouloir** et **espérer** (A.1) sont suivis de l'infinitif quand le sujet ne change pas, d'une proposition si le sujet change. Par exemple, "Je veux (espère) partir tout de suite" mais "j'espère qu'**il** partira tout de suite".

- On dit: commencer **à** mais finir **de** (B.2).

- On aide quelqu'un **à** faire quelque chose mais on l'empêche **de** le faire (B.3).

- **Manière** et **façon** (D.3) sont suivis de **de**: la manière (façon) **de** préparer l'examen; préparé **de** cette manière (façon); la manière (façon) **dont** je l'ai préparé.

- Le gérondif, c'est-à-dire **en** + participe présent, indique la cause, la manière ou les conditions dont le verbe principal est l'effet ou le résultat: préparer l'examen **en travaillant** et **en consultant** des livres (C.4). Le **en** traduit presque toujours une préposition en anglais, et **en** est la seule préposition qui introduit le participe présent.

MM. Giscard d'Estaing et Brejnev décident de réunir chaque année un sommet franco-soviétique

La France espère obtenir la contrepartie économique de son engagement politique en faveur du régime actuel

EXERCICES

I. Donner la préposition qui s'impose, s'il y a lieu.

    modèle   J'ai fini _____ taper mon devoir.
                J'ai fini __*de*__ taper mon devoir.

                Je veux réussir _____ partir avant eux.
                Je veux réussir __*à*__ partir avant eux.

    1. Il faut commencer _____ manger tout de suite.

    2. J'ai décidé _____ laisser tomber un cours.

    3. Philippe m'a aidé _____ réparer ma voiture.

    4. Si vous passez près d'ici, nous espérons _____ vous voir.

    5. Son rhume l'a empêché _____ bien jouer hier.

    6. Anne voudrait _____ être en bonne forme.

II. Remplacer l'infinitif par une proposition, en introduisant le sujet entre parenthèses, selon les modèles.

    modèle   Je voudrais revenir bientôt. (il)
                Je voudrais qu'il *revienne* bientôt.

                J'espère revenir bientôt. (il)
                J'espère qu'il *reviendra* bientôt.

    1. Il veut revenir tout de suite. (nous)

    2. Il espère revenir tout de suite. (nous)

    3. Veux-tu savoir la vérité? (Hélène)

    4. Espères-tu savoir la vérité? (Hélène)

    5. Nous ne voulons plus voir le film. (l'enfant)

    6. Nous n'espérons plus voir le film. (l'enfant)

    7. Je voudrais finir ce livre aujourd'hui. (tu)

    8. J'espère finir ce livre aujourd'hui. (tu)

III. Refaire les phrases suivantes, en employant le participe présent avec **en** (le gérondif).

modèle   Si tu cherches dans tes notes, tu pourras trouver la réponse.
En cherchant dans tes notes, tu pourras trouver la réponse.

1. Le travail est le moyen de réussir.

2. Quand la mère a quitté son fils, elle pleurait.

3. Pendant qu'Adrienne écoutait la conférence, elle tricotait.

4. Quand on aide les autres, on les comprend mieux.

5. A l'aide de mes lectures, je suis parvenue à comprendre ce que le professeur avait dit.

6. Quand il a vu la photo, il s'est mis à rire.

IV. Remplacer **pour** par **pour que** + sujet et verbe, selon le modèle.

modèle   Je ferais n'importe quoi *pour* nous réconcilier.
Je ferais n'importe quoi *pour que nous nous réconcilions.*

1. Il a tout fait *pour* les séparer.

2. On va lui parler *pour* le faire venir avec nous.

3. Nous ferons un effort *pour* la faire se décider.

4. J'ai tout bien expliqué *pour* faire comprendre la situation à Jean.

V. Faire des phrases avec les éléments donnés.

1. il / tout faire / pour que / enfants / savoir / nager

2. Christophe / écrire / devoir / avec / stylo?

3. les parents / ne pas vouloir / leurs enfants / faire / erreurs

4. ce qui / importer / être / manière / on / faire / le travail

5. le temps / empêcher / gens / sortir

6. tu / espérer / ils / venir?

VI. Compléter les phrases suivantes:

1. Après deux jours, j'ai décidé . . .

2. Je ferais n'importe quoi pour que . . .

3. Elle n'a pas du tout aimé la façon . . .

4. Si tu ne veux pas m'aider . . .

5. Les hommes politiques ne veulent pas . . .

6. En fumant un paquet de cigarettes par jour . . .

L'intimité commence en poussant la grille du jardin.

VII · L'activité D E F

une championne olympique

D. L'effort

1. **essayer de** faire qqch.

   Fabienne Serrat a toujours *essayé d'*être première.

2. **faire un effort pour** faire qqch.; **faire l'effort de** faire qqch.

   Cette année elle a *fait un* très grand *effort pour* gagner (a *fait* vraiment *l'effort de* gagner).

3. **renoncer à** qqch., **à** faire qqch.   (*abandonner l'espoir, n'avoir plus le désir*)

   Elle a beacoup de volonté: elle ne *renonce* jamais *à* une compétition (*à* skier contre les autres).

E. Réussite et échec

1. **pouvoir** (*physiquement*); **savoir** (*intellectuellement*), faire qqch.

   Elle a toujours *su* bien skier mais c'est seulement cette année qu'elle a *pu* battre toutes les autres.

2. **réussir** qqch., **à** faire qqch.

   Fabienne Serrat a *réussi* ses courses.
   Elle a *réussi à* battre toutes les autres.

3. **échouer; échouer dans un projet, un effort, une tentative**

   Elle voulait déjà le faire l'année dernière, mais elle a *échoué*.
   L'année dernière elle a *échoué dans son projet* (*son effort, sa tentative*).

F. Cause et effet

1. **parce que** + INDIC / **bien que** + SUBJ

   Bien que la neige ait été mauvaise elle a gagné, *parce qu'*elle avait de nouveaux skis.

2. **à cause de** qqch. / **malgré** qqch.

   Les autres ont perdu *à cause de* l'état de la neige.
   Elle a gagné *malgré* l'état de la neige.

3. influencer qqn

L'accident de Cindy Nelson n'a pas *influencé* Serrat.

4. par conséquent: voir IV.E.3 *Conclure*

notes

- On dit: faire **un** effort **pour** mais: faire l'effort **de** (D.2).

- **Pouvoir** indique la capacité physique ou concrète, la puissance de faire qqch. **Savoir** signifie que l'on a appris la technique ou acquis la connaissance intellectuelle: "savoir danser, savoir monter à bicyclette, savoir nager", etc. (E.1).

- On dit: réussir **à** (D.2) mais le verbe **échouer** (E.3) s'emploie ou bien absolument, c'est-à-dire sans complément en comptant sur le contexte pour préciser le sens ("j'ai

échoué"); ou bien "échouer dans ses efforts, sa tentative, etc.". A noter: on échoue **à** un examen. Quand on veut ajouter un complément autre que **examen,** il vaut mieux utiliser **ne pas réussir:** "Je n'ai pas réussi à terminer mon travail".

- **Parce que** est suivi de l'indicatif, **bien que** du subjonctif (F.1).

- **Parce que** et **bien que** introduisent une proposition (F.1); **à cause de** et **malgré** prennent comme complément un nom (F.2).

EXERCICES

I. Faire des phrases contraires en changeant les expressions en italique.

    modèle   Elle *commencera* à lire plus tard.
                   Elle *finira de* lire plus tard.

   1. J'ai *essayé* de le convaincre.

   2. Il n'a *pas fait d'effort* pour m'aider.

   3. Nous avons *réussi* à le faire.

   4. Ma mère est partie *parce que* mon petit ami est arrivé.

   5. Tu *échoueras* dans ton effort.

II. Remplir le blanc avec **pouvoir** ou **savoir,** selon le sens.

   1. Je ne _____ pas jouer au tennis aujourd'hui.

   2. Elle _____ parler chinois.

   3. _____ -nous entrer?

   4. _____ -tu faire la cuisine? Non: je suis trop occupé.

   5. _____ -tu faire la cuisine? Non, mais je veux bien apprendre.

III. Remplacer **parce que** par **bien que** et vice versa, en faisant les autres changements nécessaires.

    modèle   Il va venir *parce que* je suis là.
                   Il va venir *bien que* je sois là.

   1. Nous resterons *parce que* nous avons peur.

   2. Nos amis vont au cinéma *parce qu'*ils savent que le film est triste.

   3. Je suis content *parce qu'*elle veut me téléphoner tous les jours.

   4. Tu devras m'attendre, *bien que* tu finisses toujours avant moi.

   5. Je m'intéresse à lui *parce qu'*il a des idées bizarres.

IV. Remplacer **parce que** par **à cause de** et vice versa, en faisant les changements nécéssaires.

modèle Je suis partie *à cause de* ses remarques.
Je suis partie *parce qu*'il a fait des remarques désagréables.

1. Elle suit ce cours de français *à cause du* professeur.

2. Monsieur Dupont viendra *parce qu*'il est avare.

3. C'est *parce que* j'ai été franc qu'elle a enfin compris.

4. C'est *à cause des* efforts de tout le monde que nous avons gagné.

5. Nous devons nous taire *parce que* nos voisins sont sensibles.

V. Faire des phrases avec les éléments suivants et en développant l'idée.

1. Marie-Jeanne / échouer / examen / bien que . . .

2. si / vous / faire un effort . . .

3. falloir / renoncer . . .

4. vous / partir / parce que . . . ?

5. son amant / ne pas / faire l'effort . . .

6. je / essayer / mais / ne pas / réussir . . .

L'arrêt des exportations de pétrole pourrait entraîner une tension sur les prix

Bonn pourrait renoncer au retraitement des combustibles nucléaires

VII · L'activité G H

la famille traditionnelle

G. La responsabilité

1. **s'occuper de** qqn, qqch.

   Dans la famille traditionnelle chaque génération *s'occupait des* autres.

2. **être, se sentir, responsable de** qqch., qqn

   C'était une famille solidaire parce que chacun *était (se sentait) responsable des* autres.

3. **être à** qqn **de** faire qqch.

   C'*était aux* grands-parents *de* s'occuper des petits-enfants, et vice versa.

H. Obligation et nécessité

1. **falloir** faire qqch., **que** + SUBJ / **n'être pas nécessaire de** faire qqch., **que** + SUBJ / **ne pas falloir** faire qqch., **que** + SUBJ

   Dans la famille traditionnelle il *fallait* s'occuper des autres et il *ne fallait pas* oublier ses parents quand on devenait grand, mais en même temps *il n'était pas nécessaire de* se révolter pour se sentir adulte.
   Dans la famille traditionnelle il *fallait qu'*on soit responsable des adultes et *il ne fallait* pas *qu'*on oublie (SUBJ) ses parents quand on devenait grand, mais en même temps *il n'était pas nécessaire qu'*on se batte contre eux pour se sentir adulte.

2. **devoir** faire qqch. / **n'être pas obligé de** faire qqch. / **ne pas devoir** faire qqch.

   Chaque membre de la famille *devait* s'occuper des autres et on *ne devait pas* oublier ses parents quand on devenait grand, mais en même temps on *n'était pas obligé* de se révolter pour se sentir adulte.

notes

- Noter la syntaxe des expressions de responsabilité: s'occuper **de**, être responsable **de**, être à quelqu'un **de** (G).

- **S'occuper de** quelque chose (G.1) veut dire en français "être responsable de cette chose". Il faut le distinguer de "prendre soin de", qui signifie "surveiller le bon état ou la bonne santé de". Enfin, l'expression "~~se concerner avec~~" n'existe pas en français.

- Bien remarquer: avec **falloir** (H.1) et **devoir** (H.2) il y a, entre l'affirmation (l'obligation)

95

et la négation (l'interdiction), un moyen terme qui indique que l'on a un choix.

Obligation	Choix	Interdiction
il faut	il n'est pas nécessaire	il ne faut pas
on doit	on n'est pas obligé	on ne doit pas

Remarquer que **il faut** est suivi directement par l'infinitif mais que **nécessaire** est suivi de **de**.

Sur Paris-Londres, rien ne vous oblige à choisir British Caledonian. Sauf peut-être le service.

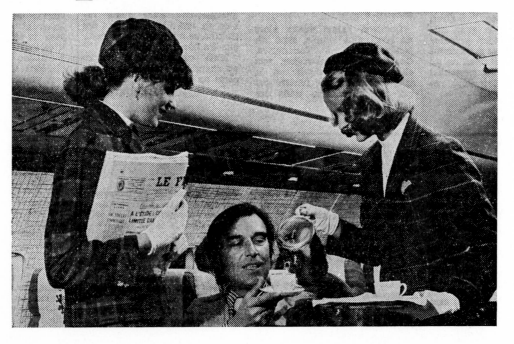

EXERCICES

I. Transformer les phrases suivantes selon le modèle.

modèle   Je ne fais pas la vaisselle aujourd'hui. (vous)
              Je ne fais pas la vaisselle aujourd'hui. C'est à vous *de la faire.*

1. Je ne fais pas la vaisselle aujourd'hui. (toi)

2. Je ne fais pas la vaisselle aujourd'hui. (lui)

3. Je n'achète pas le journal. (elle)

4. Je ne garde pas les enfants. (eux)

5. Ils ne préparent pas le déjeuner. (nous)

II. Faire des phrases avec les éléments suivants.

1. hier / je / s'occuper / chien

2. demain / ils / s'occuper / leur jardin

3. s'il avait eu le temps / il / s'occuper / sa maison

4. si elle avait le temps / elle / s'occuper / son ami malade

5. tous les jours / nous / s'occuper / nos repas

III. Répondre aux questions suivantes par une phrase qui commence par *Oui, il faut que* . . . .

modèle   Tu dois partir?
          Oui, il faut que je parte.

1. Il doit lui écrire?

2. Vous devez aller chez le dentiste?

3. Ils doivent avoir leurs passeports?

4. Tu dois savoir parler français?

5. Nous devons faire ce voyage?

IV. Répondre aux questions suivantes avec la forme correcte de **devoir** ou **n'être pas obligé**, selon le sens.

> **modèle** Est-ce que nous devons lire cette pièce? Non . . .
> Non, *on n'est pas obligé* de la lire.

1. Est-ce qu'il doit y aller lui-même? Non . . .

2. Est-ce qu'elle doit lui téléphoner? Oui . . .

3. Est-ce que nous devons apporter notre déjeuner? Oui . . .

4. Est-ce qu'elles doivent en parler à leur professeur? Non . . .

5. Est-ce que je dois payer maintenant? Non . . .

V. Remplacer le groupe de mots en italique par **il faut que, il ne faut pas**, ou **n'être pas obligé**, selon le sens.

> **modèle** *On n'a pas le droit de* manger en classe.
> *Il ne faut pas* manger en classe.

1. *Il est obligatoire* de mettre une cravate pour dîner dans ce restaurant.

2. *On ne doit pas* arriver en retard.

3. *Il n'est pas nécessaire d'*apprendre ce poème par coeur.

4. *On est obligé de* faire attention en traversant la rue.

5. *On n'est pas forcé de* vivre ensemble avant de se marier.

6. On peut sortir tous les soirs, *si on veut*.

7. *Il n'est pas permis d'*interrompre le professeur.

8. *Il est indispensable de* bien s'entendre avec sa femme pour être heureux.

VI. Compléter les phrases suivantes avec **il faut que, on doit, on n'est pas obligé, il n'est pas nécessaire, il ne faut pas**, ou **on ne doit pas**, en utilisant chaque expression une seule fois.

> **modèle** _____ que je rentre avant le dîner.
> *Il faut que* je rentre avant le dîner.

1. _____ quelquefois courir en traversant la rue.

2. _____ mettre le doigt dans le nez.

3. _____ dire bonjour en entrant.

4. _____ boire trop de vin avant un examen.

5. _____ épouser quelqu'un pour vivre avec lui.

6. _____ je finisse avant minuit.

VII. En utilisant le plus grand nombre possible d'expressions de cette section, vous écrirez le portrait du parfait camarade de chambre: quelles sont ses obligations et ses responsabilités, etc.

II C'est-à-dire

vers un français plus riche

I · Présentation et référence

A. Le sujet

RAPPEL
1. s'appeler, comment s'appelle . . .
2. que veut dire qqch.?
3. comment dit-on qqch.?
4. il s'agit de qqch.; de quoi s'agit-il . . . ?
5. quel / lequel / qui / que?
6. pourquoi . . . ? / parce que . . .

un livre

7. traiter de; être sur, à propos de, au sujet de, qqch.

   De quoi *traite Le Rouge et le noir?* —Il *traite de* la carrière d'un jeune homme romantique.
   C'est un livre *sur* (*à propos de, au sujet de*) la carrière d'un jeune homme romantique.

8. est-ce . . . ? / c'est

   Est-ce le premier livre du même auteur que tu as lu?—Oui, *c'est* le premier.

9. en ce qui concerne, pour ce qui est de, quant à

   C'est une grande réussite *en ce qui concerne* les (*pour ce qui est des, quant aux*) personnages.

10. être fait de; consister en; se composer de, être composé de

    De quoi est faite l'histoire?—L'histoire *est faite d'*une très longue narration.
    En quoi consiste l'histoire?—L'histoire *consiste en* un grand nombre d'épisodes.
    De quoi se compose (*est composée*) l'histoire?—L'histoire *se compose* (*est composée*) *d'*un très grand nombre d'épisodes.

11. pourquoi . . . ? / parce que; à cause de

    Pourquoi as-tu lu le livre?—Je l'ai lu *parce que* mes amis me l'avaient conseillé.
    Je l'ai lu *à cause de* mes amis.

12. dans quel but . . . ? / pour + INFIN

    Dans quel but l'as-tu lu? —Je l'ai lu *pour* me distraire.

13. comment se fait-il que + SUBJ? / c'est que . . .

> Comment *se fait-il qu*'il ait encore du succès? —*C'est que* c'est une histoire émouvante et bien écrite.

notes

- **Traiter de** (7) est plutôt du français écrit.

- **Consister en** (10) est suivi d'un nom sans article défini ("consiste en un nombre d'épisodes"). Avec un article ou adjectif possessif on emploie **dans**. L'expression **consister à** (avoir pour nature) est suivi de l'infinitif.

- **Parce que** (11) est une conjonction (suivi d'une proposition); **à cause de** est une locution prépositionnelle (suivie d'un nom). Voir aussi *Cause et effet*, VII. F.1, 2.

- Noter que **comment se fait-il que** (13) est suivi du subjonctif.

Les divergences demeurent toujours aussi grandes entre syndicats et patrons à propos de la réduction du temps de travail

Nous n'avons pris aucune décision au sujet de la lutte armée

EXERCICES

I. Ecrire des phrases à sens équivalent, en remplaçant les mots en italique et en faisant les changements nécessaires.

modèle *Pour ce qui est de* son attitude, elle nous fait des ennuis.
Quant à son attitude, elle nous fait des ennuis.

1. *Quant à* son style, je le trouve très difficile à suivre.

2. Je vais parler à mon patron *au sujet de* mon salaire.

3. C'est un livre *sur* l'architecture.

4. *Pourquoi* as-tu écrit à son père?

5. Une sonate *est composée de* trois mouvements.

6. De quoi *traite* ce cours?

II. Choisir n'importe quel film et répondre aux questions suivantes.

modèle De quoi s'agit-il dans ce film? (*Hiroshima mon amour*)
C'est un film sur les ravages de la guerre.

1. Comment s'appelle le film?

2. Est-ce un film américain?

3. De quoi traite le film?

4. De quoi se compose l'intrigue?

5. Dans quel but êtes-vous allé le voir?

6. En ce qui concerne les images, est-ce un beau film?

III. Rédiger des questions auxquelles ces phrases sont des réponses.

modèle On l'a arrêté parce que c'est un assassin.
Pourquoi l'a-t-on arrêté?

1. C'est à cause de moi qu'il était triste.

2. Dans sa lettre, il s'agit d'une demande d'argent.

3. Je l'ai lu pour m'informer.

4. Oui, c'est la première fois que mon frère visite les Etats-Unis.

5. Cette émission consiste en une série d'interviews.

6. C'est que c'est une mode très confortable et pas chère.

IV. Faire des phrases avec les éléments suivants et en terminant l'idée.

    modèle   discussion / consister . . .
                 Leur discussion consistait en une série d'attaques.

    1. la lettre / traiter . . . .

    2. quant à / critiques . . .

    3. notre vie / être fait . . .

    4. livre / excellent / en ce qui concerne . . .

    5. comment se fait-il . . .

V. Vous êtes critique de cinéma et vous écrivez un compte rendu très négatif d'un nouveau film. Employer les expressions suivantes: **au sujet de, en ce qui concerne, pour ce qui est de, consister en, dans quel but, comment se fait-il.**

I · Présentation et référence

B. La structure

RAPPEL   **1. la partie / le tout**
            2. le niveau

le chef-d'oeuvre

3. la forme / le fond

> On ne peut pas séparer *la forme* et *le fond* dans un chef-d'oeuvre.

4. le domaine + ADJ, de qqch.   (*champ, secteur*)

> Dans *le domaine* artistique (*de* l'art), chacun a ses préférences.

5. sur le plan + ADJ, de qqch.   (*à propos de, en ce qui concerne*)

> On peut juger l'oeuvre d'art *sur le plan* moral, *le plan* esthétique, *le plan* politique, etc.
> Il est difficile de juger l'oeuvre d'art *sur le plan de* son utilité sociale.

6. l'étape; le stade   (*moment dans un développement*)

> Il y a toujours *une étape* cruciale (*un stade* crucial) dans la création artistique.

7. au physique / au moral

> Dans les grands romans, les personnages semblent exister à la fois *au physique* et *au moral*.

8. le sens propre / le sens figuré

> Dans une oeuvre littéraire, it faut comprendre non seulement *le sens propre* mais aussi *le sens figuré*.

notes

- Il s'agit ici de se référer à la façon dont une chose est constituée et à la façon dont cette chose peut être découpée.

- Noter les prépositions: **dans** le domaine (4), **sur** le plan (5). **Domaine** indique la catégorie générale, **plan** l'aspect particulier, **niveau** (2) la profondeur et l'importance.

- Noter que **stade** (6) est masculin.

- Le **moral** (7) se réfère en français au caractère, à l'état d'esprit, à la pensée. C'est donc le contraire classique de **physique.** Cf. "la morale" qui est synonyme de la moralité.

- Le plus souvent on dit **au propre** et **au figuré** (8), puisque **sens** est sous-entendu.

- Dans les oppositions **forme / fond** (3), **physique / moral** (7), et **propre / figuré** (8), chaque terme suppose et appelle l'autre.

L'amorce d'une coopération avec les États-Unis dans le domaine de l'énergie

Les principales étapes de la plus longue mission

EXERCICES

I. Ecrire des phrases à sens contraire en remplaçant l'expression en italique.

modèle C'est *le sens propre* de ce mot que je ne comprends pas.
C'est *le sens figuré* de ce mot que je ne comprends pas.

1. C'est au *sens figuré* que je parle quand je dis qu'il est un véritable magicien.

2. Balzac décrit toujours ses personnages *au physique*.

3. C'est le *fond* d'un livre qui est important.

4. Le metteur en scène *ne* veut présenter *que la deuxième partie*.

II. Expliquer ce que veulent dire le sens propre et le sens figuré des mots suivants.

modèle *chou:* au propre, un légume
au figuré, une expression de tendresse: *mon chou*

1. ange

2. domaine

3. niveau

4. désastre

5. mariage

III. Faire des phrases avec les éléments suivants, et au temps indiqué.

modèle plan / affectif / conte / toucher / moi (passé)
Sur le plan affectif, le conte m'a touché.

1. Américains / beaucoup / progrès / domaine / sciences (passé)

2. être / stade / important / développement / enfant (présent)

3. plan / technique / film / désastre (présent)

4. l'auteur / se poser / questions / à chaque étape / travail (présent)

5. livre / vous / plaire / plan / pensée sociale (futur)

IV. Décrire rapidement un personnage célèbre au physique et au moral: par exemple, King Kong, Le Petit Prince, Jean Valjean, Mickey (Mouse), Astérix, etc.

V. Discuter le rôle des installations nucléaires dans la production de l'énergie, en employant les expressions suivantes: **partie, domaine, sur le plan, étape, stade.**

I · Présentation et référence

C. Appartenance et inclusion

RAPPEL
1. **tous, toutes, tous les, toutes les** + NOM / **aucun(e)** ... **ne** ...
2. **tout le monde** / **personne** ... **ne** ...
3. **beaucoup** / **peu de** + NOM
4. **la plupart des** + NOM et VERBE au pluriel; **de** mes, ces, etc. + NOM et VERBE au pluriel
5. **sauf** + NOM
6. **aussi** / **ne** ... **pas non plus**

la participation à un travail volontaire

7. **faire partie de** qqch.; **participer à** qqch.

   Nous n'avons pas voulu *faire partie du (participer au)* groupe de travail.

8. **et** ... **et** ... / **ni** ... **ni** ...

   Et mon ami *et* moi avions autre chose à faire.
   Nous ne voulions *ni* travailler *ni* voir certains de ceux qui faisaient partie du groupe.

9. **quelque chose de** + ADJ MASC / **ne** ... **rien de** + ADJ MASC

   Nous cherchions *quelque chose d'*intéressant mais le groupe *n'a rien* proposé *de* nouveau.

10. **faire partie intégrante de** qqch.

    Certains adorent *faire partie intégrante de* tous les groupes, mais pas moi.

11. **comprendre, comporter, englober,** des choses   (*avoir, inclure, réunir*)

    Nous avons refusé parce que le travail demandé *comprenait (comportait, englobait)* quelques tâches désagréables.

12. **dont** qqn; **y compris** qqn

    D'autres personnes ont refusé de travailler aussi, *dont (y compris)* le maire et ses conseillers.

13. **dans l'ensemble; pour la plupart** (*en général*)

> *Dans l'ensemble (Pour la plupart)* les efforts des autres ont réussi.

14. **à part** qqn, qqch.; **exception faite de** qqn, qqch.; **en dehors de** qqn, qqch.

> *A part (Exception faite de, En dehors de)* quelques-uns, tout le monde était donc satisfait.

notes

- On **fait partie d'**un groupe ou **d'**un ensemble (7). Cf. *appartenir à,* qui exprime un rapport de propriété.

- Remarquer que **quelque chose de** et **ne . . . rien de** (9) sont toujours suivis de l'adjectif au masculin.

- Noter la forme de l'adjectif **intégrante** dans la tournure **faire partie intégrante de** (10).

- **Comprendre** ici (11), comme **englober**, signifie "inclure" dans le sens d'incorporer, de faire entrer dans un tout. **Comporter** signifie inclure en soi, et indique les éléments d'un même objet ou ensemble.

- **Dont** et **y compris** (12) suivent un nom, le plus souvent collectif, et précèdent un autre qui énumère ou particularise. **Y compris** est invariable.

- Le contraire des tournures qui spécifient des exceptions (14) est **tous**, ou **tous sans exception**.

LE DÉBAT BUDGÉTAIRE AU SÉNAT

Plusieurs orateurs (y compris dans la majorité) doutent de la sincérité des prévisions

EXERCICES

I. Donner des phrases à sens équivalent en remplaçant l'expression en italique.

    modèle   Son exposé *comprend* les questions les plus brûlantes.
                Son exposé *englobe* les questions les plus brûlantes.

1. Il *fait partie* de notre club.

2. Tout le groupe jouait au bridge *sauf* lui.

3. Notre groupe comporte trois femmes, *dont* deux professeurs.

4. *Pour la plupart*, les Parisiens ne sont pas si aggressifs qu'on le croit.

5. Tout nous a plu dans ce bâtiment, *exception faite des* ascenseurs.

II. Transformer la phrase en employant les expressions suivantes et en complétant le sens, si nécessaire:

Tout le monde participe au cercle français.

    modèle   *tous les: Tous les étudiants* participent au cercle français.

1. sauf

2. à part

3. en dehors

4. exception faite

5. y compris

6. beaucoup de

7. beaucoup des

8. et . . . et

9. ni . . . ni

III. Remplacer **faire partie de** par **comprendre**, et vice versa, en gardant le sens de la phrase.

modèle   Douze filles *font partie de* la classe.
La classe *comprend* douze filles.

1. D'excellents violonistes *font partie* de notre orchestre.

2. Cette édition *comporte* une préface et plusieurs illustrations.

3. Le personnel *comprend* cinq employés et un directeur.

4. En France, le hors-d'oeuvre *fait partie* du repas.

IV. Compléter les phrases commencées.

1. Le travail d'un psychiâtre englobe . . .

2. J'ai rencontré un groupe de gens tout à fait fous, dont . . .

3. Le hors-d'oeuvre m'a plu, mais ni . . .

4. Les étudiants ici participent . . .

5. Quant aux émissions de télévision, pour la plupart . . .

V. Discuter le rôle du non-conformiste dans le milieu des étudiants, en vous servant des expressions suivantes: **faire partie intégrante, ni . . . ni, y compris, à part, en dehors de, dans l'ensemble.**

I · Présentation et référence

D. La fonction

RAPPEL 1. **servir à** + INFIN
     2. **permettre de** + INFIN
     3. **employer** qqch.; **se servir de** qqch.
     4. **fonctionner; marcher**

les ordinateurs

5. **tomber, être en panne**   (*ne pas marcher*)

> Les ordinateurs sont des merveilles technologiques mais quand ils *tombent (sont) en panne,* il y a des complications épouvantables.

6. **faire** + INFIN

> Les ordinateurs *font partir* beaucoup d'employés dont on n'a plus besoin.

7. **augmenter / diminuer** qqch.

> Ils *augmentent* la quantité de renseignements traités, en *diminuant* le temps nécessaire pour les traiter.

8. **renforcer** qqch. / **transformer** qqch. **en** qqch. d'autre / **remplacer** qqch. **par** qqch. d'autre

> Cela *renforce* certaines tendances malheureuses du monde moderne: on *transforme* un bureau en un lieu vide en *remplaçant* une grande partie du personnel *par* ces machines.

9. **le procédé** (*méthode, façon de faire*); **le processus** (*enchaînement technique produisant un résultat*)

> *Les* nouveaux *procédés* de composition électronique, par exemple, ont transformé *le processus* d'imprimerie.

10. **être destiné à** faire qqch.   (*avoir pour but*)

> On se demande donc *à* quoi un ordinateur *est* réellement *destiné.*

11. **utiliser** qqch.

> On *utilise* les ordinateurs pour imprimer beaucoup plus vite qu'autrefois.

notes

- **Faire** avec l'infinitif (6) pose des problèmes de syntaxe. Voir *cause et effet*, VII.F.

- **Le procédé** (9) est un élément dans un ensemble fonctionnel, un moyen de faire quelque chose, une méthode. **Le processus** se réfère à un ensemble de phénomènes, organisés dans une causalité. Cf. *le procès*, qui indique surtout la séance judiciaire devant un juge.

En dix ans, la flotte française a diminué de 199 navires

Forte augmentation du chômage en janvier

100 ans après la première lampe électrique d'Edison
Osram utilise un potentiel et des moyens de recherche qui font avancer les progrès de la lumière

EXERCICES

I. Faire du nom entre parenthèses l'agent de la phrase à l'aide du verbe **faire,** suivant le modèle.

    modèle   Nous avons bien ri. (Sylvain)
                Sylvain *nous* a bien *fait rire.*

    1. Le reporter a attendu pendant deux heures. (le premier ministre)

    2. Les étudiants parlent beaucoup. (le professeur)

    3. Je pense à ma soeur. (tu)

    4. Les enfants sont sortis. (la babysitter)

    5. Les prix ont augmenté. (la crise)

II. Donner des phrases à sens équivalent, en remplaçant l'expression en italique.

    modèle   Un baromètre *sert à* prévoir le temps qu'il fera.
                Un baromètre *permet de* prévoir le temps qu'il fera.

    1. On *emploie* une machine à laver pour faire la lessive.

    2. La plupart du temps, ma machine à écrire *ne marche pas.*

    3. On *se sert d*'un aspirateur pour nettoyer le tapis.

    4. Ces produits *sont destinés à* rendre la peau lisse et fine.

III. Employer ces mots dans le contexte suivant, en faisant les transformations nécessaires:

    On emploie le laboratoire de langues pour améliorer son français.

    modèle   *servir à:* Le laboratoire de langues *sert à* améliorer le français.
                augmenter: Le laboratoire de langues *augmente* la compréhension du français.

    1. utiliser

    2. se servir

    3. permettre

    4. renforcer

    5. diminuer

6. fonctionner

7. tomber en panne

IV. Faire des phrases avec les éléments suivants:

1. travail / transformer / mon mari / machine

2. standardistes / circuits électroniques / remplacer

3. poésie / procédés / stylistique / servir à / attirer / attention / lecteur

4. travail à la chaîne / processus / déshumaniser / ouvriers

5. répétition / compréhension / renforcer

V. A quoi sert l'enseignement supérieur? Employer dans votre réponse les mots et constructions suivants: **faire** + INFIN, **renforcer, remplacer, transformer, permettre de, être destiné à, procédé.**

I · Présentation et référence

E. Degré et fréquence

RAPPEL
1. toujours / d'habitude / quelquefois / rarement / ne ... jamais
2. entièrement / en partie / presque / ne ... pas du tout
3. **tous les** jours, semaines, etc.
4. N fois sur N

les habitudes de travail

5. **à peu près, environ** + NOM de quantité

   Je travaille *à peu près* (*environ*) cinq jours sur sept.

6. **tout à fait, complètement / ne ... presque pas; à peine**

   Je suis *tout à fait* (*complètement*) pris le lundi et le mardi.
   Je *ne* suis *presque pas* libre pendant la semaine.
   Je suis *à peine* libre pendant la semaine.

7. **avoir failli** faire qqch.   (*avoir presque fait*)

   Au début, je n'étais pas content et j'*ai failli* partir.

8. **jusqu'à quel point; atteindre un niveau**

   Je me demande *jusqu'à quel point* on doit travailler dans la vie.
   Le travail *atteint un niveau* presque insupportable pour moi.

9. **dans la mesure où**   (*proportionnellement à ce que*)

   Le weekend est important *dans la mesure où* il permet d'oublier le travail de la semaine.

10. **en être à**   (*se trouver à un certain point dans une évolution*)

    Où en est votre travail? —*J'en suis à* la fin.

notes

- D'habitude **à peu près** et **environ** (5) se placent avant le nom. Après, il y a généralement une petite pause:

  Il y avait *environ* 50 personnes.

  Il y avait 50 personnes, *environ*.

- Noter que **presque** précède **pas**, dans **ne** ... **presque pas** (6).

- **Avoir failli** (7) signifie avoir presque fait quelque chose. Cf. *Avoir échoué* qui est le contraire d'avoir réussi. (VII.E.3)

- Pour savoir à quel point se trouve une activité (10), on demande:

Où en est votre travail, où en sont vos recherches? etc.

Pour savoir à quel stade une personne se trouve dans une activité, on utilise **dans**:

Où en êtes-vous *dans* votre travail, *dans* vos recherches? etc.

Mais dans la réponse on utilise **à**:

J'en suis *à* la fin, je n'en suis qu'*au* début, etc.

Le R.P.R. exige toujours une réduction du « train de vie de l'État »

L'opinion américaine est presque unanime à soutenir M. Carter

Classement des joueurs professionnels

Toujours Borg devant Connors

EXERCICES

I. Donner des phrases à sens équivalent en remplaçant l'expression en italique.

modèle *Le plus souvent*, je déjeune au restaurant universitaire.
D'habitude, je déjeune au restaurant universitaire.

1. *Parfois*, nous sortons avec des amis.

2. La salle était *entièrement* pleine.

3. Les agents de police n'ont *presque pas* remarqué notre présence.

4. Marc a passé *environ* un mois chez nous.

5. Les étudiants ne vont *pas souvent* à l'opéra.

6. En le voyant, j'ai *presque* éclaté de rire.

II. Ecrire (1) une phrase équivalente; (2) une phrase qui exprime un degré ou une fréquence moindre; et (3) une phrase qui exprime le contraire, selon le modèle.

modèle *Le plus souvent* on boit du vin blanc avec le poisson.
(1) *D'habitude*, on boit du vin blanc avec le poisson.
(2) *Quelquefois*, on boit du vin blanc avec le poisson.
(3) On *ne* boit *jamais* du vin blanc avec le poisson.

1. *Le plus souvent*, on doit dire la vérité à son mari.

2. Il faut relire *entièrement* votre examen avant de le rendre.

3. Nous avons trouvé la pièce *tout à fait* remarquable.

III. Compléter les phrases commencées.

1. Je me demande jusqu'à quel point . . .

2. Où en est . . .

3. Quand j'ai rencontré mon fiancé, j'avais (ou j'étais) à peine . . .

4. Les sports sont importants dans la mesure où . . .

5. Dans mes études, je voudrais atteindre . . .

6. Avant la représentation, l'actrice a failli . . .

IV. Répondre aux questions par des phrases de votre invention, en employant les mots et constructions de cette section.

1. Combien d'heures par semaine consacrez-vous à vos études?

2. Où en êtes-vous dans vos études?

3. Quel niveau avez-vous atteint en français?

4. Comprenez-vous tout ce que dit le professeur de français?

5. Combien d'habitants a cette ville?

6. Allez-vous souvent au cinéma?

7. Ecoutez-vous souvent la musique classique?

8. A quel âge une femme doit-elle se marier? un homme?

V. Question à traiter: jusqu'à quel point peut-on se fier aux hommes politiques?

I · Présentation et référence

F. Suffisance et manque

RAPPEL   **1.** **assez** / **trop** / **trop peu de** + NOM . . . **pour** faire qqch.
    2. qqch. **manque à** qqn; qqn **manque de** qqch.
    3. qqch. **suffit à** qqn; qqch. **est suffisant** / **insuffisant**

la bicyclette

4. il **faut** qqch. à qqn; qqn **est privé de** qqch.   *(qqn manque de qqch.)*

> Il *me faut* du courage pour aller loin à bicyclette, mais je ne veux pas *être privé de* cet exercice.

5. **faute de** + NOM; **faute de mieux**   *(par manque de, d'une meilleure solution)*

> *Faute d'*énergie, je ne prends pas ma bicyclette pour faire les courses. *Faute de mieux,* je me promène à pied quand je peux.

6. il **suffit de** qqch., **de** faire qqch.

> Je sais qu'*il suffit d'*un peu de courage, *de prendre* simplement la décision, mais je suis paresseux.

notes

- **Il faut** qqch. à qqn (4) exprime d'habitude un besoin matériel. Le besoin dans le sens d'une nécessité ou d'une obligation s'exprime par "Il faut que" suivi du subjonctif. Comparer:

  > Il me faut un stylo.
  > Il faut que je parte.

Voir aussi *Obligation et nécessité*, VII.H.

- **Etre privé de** qqch. (4) signifie n'avoir pas parce qu'on vous l'a pris: "L'enfant n'a pas été sage et il est privé de télévision".

- **Il suffit de** (6) laisse entendre que la solution est facile.

Des milliers de Cambodgiens
meurent chaque jour
faute de soins et de nourriture

LA AUSSI, IL VOUS FALLAIT UNE BANQUE.

⊚ SOCIETE GENERALE

EXERCICES

I. Donner une phrase à sens équivalent, en remplaçant l'expression en italique.

modèle   Je *n'ai pas assez* de place pour écrire.
              J'ai *trop peu* de place pour écrire.

1. Un petit effort de plus *serait suffisant*.

2. Quelque chose *manque* dans son exposé.

3. *Puisqu'il n'y a rien d'autre,* nous prendrons une omelette.

4. *Il suffirait d'*un mot tendre pour la rendre heureuse.

5. Après sa mort, ses collègues *étaient privés de* ses conseils.

II. Transformer la phrase en utilisant les expressions et en gardant à peu près le même sens:

Je n'ai pas assez de temps pour faire ce voyage.

1. trop peu

2. manquer de

3. manquer

4. il faut

5. insuffisant

III. Faire une phrase avec les éléments suivants.

1. falloir / Robert / bon sens de son père (conditionnel)

2. enfants / privé / présence de leur mère / pleurer / souvent

3. pour s'excuser / suffire / parler / professeur (passé)

4. le tact et la délicatesse / manquer / toujours / Henri (futur)

5. équipe / perdre / match / faute / coopération (passé)

IV. Compléter les phrases commencées.

1. Ce qui manque ici, c'est . . .

2. J'ai perdu mon amant, faute de . . .

3. Si tu veux réussir dans ce cours, il suffit . . .

4. Il n'y avait rien à manger à la maison; alors . . .

5. Quand j'étais petit(e), j'étais privé(e) . . .

V. Situation: Soudain, toutes communications et tous mouvements sont coupés entre chez vous et le reste du monde: qu'est-ce qui vous manquera?

II · L'opinion personnelle

A. L'opinion personnelle

RAPPEL
1. **il me semble que** + INDIC
2. **croire que** + INDIC / **ne pas croire que** + SUBJ
3. **à mon avis**
4. **changer d'avis**
5. **penser de**   (*avoir une opinion sur*)

un discours présidentiel

6. **avoir l'impression que**

    Nous *avons l'impression que* tout va bien.

7. **. . . , me semble-t-il, . . .**

    Tout va très bien, *me semble-t-il*.

8. **selon** qqn; **d'après** qqn; **de l'avis de** qqn; **aux yeux de** qqn

    Selon (D'après) mes conseillers, la situation est très favorable.
    De l'avis de (Aux yeux de) mes conseillers, la situation est très favorable.

9. **le point de vue**

    Je vais vous donner *mon point de vue*.

10. **avoir des préjugés, être prévenu, en faveur de / contre** qqn, qqch.

    Mes adversaires *ont des préjugés contre* moi. Ils *sont prévenus contre* ma politique et *en faveur de* celle de Dupont.

11. **Si je ne me trompe . . . , Si je me souviens bien . . .**   (*Je crois bien que . . .*)

    Si je ne me trompe (Si je me souviens bien) mes adversaires disaient exactement le contraire aux dernières élections.

notes

- Lorsque **il me semble** ne se trouve pas au début de la phrase, il faut l'inversion **me semble-t-il** (7).

- On dit **à mon / ton / son avis** (3) mais avec **être** on emploie **de** (8): "**Je** suis **de** son avis". On emploie **de** + **l'** dans le cas d'un nom:

"Je suis **de** l'avis du directeur". On dit aussi: "Je suis **du même** avis que lui".

- On a l'impression (6) en français. "~~Recevoir~~ l'impression" n'est pas français.

- On a des préjugés mais ~~on est~~ prévenu (10). Les deux expressions peuvent indiquer une prédisposition favorable ou défavorable,

mais le plus souvent c'est défavorable. Noter aussi que d'habitude **préjugés** est au pluriel.

- **Si je ne me trompe**, etc. (11), se situe d'habitude au début de la phrase et exprime une opinion dont on est assez sûr. On omet le **pas** de la négation.

- Voir aussi *trouver que* (IV.D.1).

« U.D.F. 1 » : qui fera croire aux Français que leur télévision est bâillonnée ?

La commission exécutive du C.I.O. adopte une résolution favorable à l'admission de la Chine

Selon l'ANACT, 3 % seulement des salariés sont concernés

EXERCICES

I. Donner des phrases à sens équivalent en remplaçant l'expression en italique.

    modèle   *A son avis*, les gens ici sont mal vêtus.
                A ses yeux, les gens ici sont mal vêtus.

1. *Il me semble qu'*il y a des drogues bien dangereuses.

2. *Selon* le journaliste, le dollar va encore baisser.

3. *Si je ne me trompe*, il y a un tabac dans la rue à côté.

4. Mes associés *ont* toujours *eu des préjugés* contre moi, je le sais bien.

5. *De l'avis d'*Andrée, c'est un film inégal.

6. *Si je me souviens bien*, le bureau de poste est ouvert le samedi matin.

II. Transformer la phrase à l'aide des mots et constructions indiqués.

    Eva croit que les Français sont bizarres.

    modèle   *d'après:* D'après Eva, les Français sont bizarres.

1. avoir l'impression

2. selon

3. yeux

4. avis

5. sembler

6. ne pas croire

7. avoir des préjugés contre

8. être prévenu contre

III. Ecrire des phrases avec les éléments donnés.

1. il / ne pas vouloir / donner / point de vue

2. on / souvent / prévenu / faveur / gens bien faits

3. yeux / Philippe / dernier / candidat / meilleur

4. l'ambassadeur / être / dernier espoir / sembler / moi

5. Alain / ne pas croire / ce / être / un bon film

IV. Répondre aux questions suivantes en employant les expressions de cette section.

1. Croyez-vous que le président soit un homme sincère?

2. Que pensez-vous du sysème fiscal (les impôts) aux Etats-Unis?

3. Comment trouvez-vous la nouvelle mode?

4. Croyez-vous que l'argent fasse le bonheur?

5. Que pensez-vous des mariages où la femme est plus âgée que le mari?

V. Vous interviewez un(e) musicien(ne) célèbre ou une vedette de cinéma. Vous rapporterez vos questions—à propos de ses goûts, son métier, d'autres vedettes, la politique, etc. —et ses réponses.

II · L'opinion personnelle

B. Parler et dire

RAPPEL
1. **parler de** qqch.; **dire que**
2. **prétendre que**   (*déclarer, affirmer, que*)
3. **laisser entendre que**   (*faire comprendre sans le dire*); **suggérer que**
4. **avoir entendu dire que**   (*on m'a dit que*)

un discours présidentiel

5. **annoncer, révéler** qqch. / **cacher, dissimuler** qqch.

   Le président a *annoncé* (*révélé*) beaucoup de choses mais ses adversaires trouvent qu'il en a *caché* (*dissimulé*) beaucoup plus.

6. **se taire; garder le silence**
   ne rien dire de qqch.; **passer** qqch. **sous silence**   (*éviter d'en parler*)

   Les amis du président *se sont tus* quand il a commencé à parler et ont *gardé le silence* pendant tout son discours.
   Les journalistes ont remarqué qu'il *n'a rien dit* de la situation économique, et ses adversaires prétendent qu'il veut *passer sous silence* les plus grands problèmes.

7. **exprimer** qqch.; **s'exprimer clairement / mal**

   Il a voulu *exprimer* ses désirs en ce qui concerne sa politique militaire. Ses collègues *s'expriment mal* mais le président *s'exprime* très *clairement*.

8. **parler d'une façon, sur un ton, dire** qqch. **de façon, d'un ton** solennel(le), hautain(e), ironique, etc.

   Il a parlé *d'une façon* méprisante (*sur un ton* méprisant) des pays étrangers.
   Il a dit ce qu'il pensait *de façon* (*d'un ton*) très désagréable.

9. **parler sérieusement / plaisanter**

   Malheureusement, dans ses discours il ne semble pas toujours savoir quand il faut *parler sérieusement* et quand on peut *plaisanter*.

10. bavarder; parler de choses et d'autres

> Mais le président excelle dans l'art de *bavarder* (*parler de choses et d'autres*) avec les journalistes.

notes

- Quand on ne réussit pas bien à dire ce qu'on pense ni à se faire bien comprendre, on dit souvent "je m'exprime mal" (7).

- On parle **d'**une certaine façon ou **sur** un certain ton (8). On dit quelque chose **de façon,** ou **d'un ton** . . . .

- **Parler sérieusement** (9) est le contraire de **plaisanter.** Quand on veut vérifier on dit:

"Vous parlez sérieusement?" Cf. *être sérieux,* qui parle de la personnalité en général.

- **Bavarder** (10) a le sens de parler familièrement et tranquillement. Cf. *être bavard:* parler trop. **Parler de choses et d'autres** indique une conversation simple, sans grande importance.

Les conversations entre syndicats et gouvernement pour un nouveau pacte social s'annoncent difficiles

M. Dijoud annonce l'élaboration d'un « plan culturel de la France créole »

L'Assemblée nationale exprime son indignation

EXERCICES

I. Ecrire des phrases à sens équivalent.

   modèle   Air France a *révélé* qu'il y aura un nombre record de passagers cette année.
               Air France a *annoncé* qu'il y aura un nombre record de passagers cette année.

  1. En écoutant le guitariste, les clients du café *gardaient le silence.*

  2. Mais voyons, *je ne plaisante pas.*

  3. Elle a parlé *d'une façon* négligée, mais sa rougeur l'a trahie.

  4. Georges leur a parlé avec politesse; mais il a mal *caché* son dédain.

  5. En lui parlant, je *n'ai rien dit* de ton accident.

  6. On a *bavardé* en attendant le train.

II. Ecrire des phrases à sens contraire.

  1. Dans son discours, le professeur *a parlé des* prisonniers politiques.

  2. Le patron a *dissimulé* ses bénéfices à ses ouvriers.

  3. Croyez-vous qu'elle ait *parlé sérieusement?*

  4. Votre fils s'exprime *clairement* en classe.

III. Faire des phrases avec les éléments donnés et en complétant le sens.

  1. le professeur / plaisanter / quand . . .

  2. nous / bavarder / à propos . . .

  3. falloir / on / exprimer . . .

  4. l'assistante sociale / parler / ton . . .

  5. on / devoir / passer / . . . / silence

  6. . . . / parler de choses et d'autres

IV. Articuler et élaborer la phrase suivante à l'aide des expressions suivantes:

Annette m'a parlé de ses problèmes personnels.

modèle *dire:* Annette a dit qu'ils (ses problèmes personnels) sont graves.

1. révéler

2. dissimuler

3. exprimer

4. parler d'une façon . . .

5. parler des choses et d'autres

V. Vous êtes espion et vous faites un rapport à votre chef sur une conversation que vous avez entendue dans un bar entre deux agents ennemis. Employer les mots et constructions suivants: **prétendre, parler sur un ton, d'une façon, laisser entendre que, se taire, révéler.**

II · L'opinion personnelle

C. Présenter et exposer

RAPPEL
1. **exposer** une question, un problème; **faire un exposé sur** qqch.
2. **mentionner** qqch.; **faire mention de** qqch.
3. **en premier, deuxième, dernier lieu**
4. **...**, **c'est-à-dire que ...** ; **...**, **ce qui veut dire que ...**
5. **par exemple ...**

le problème de la pollution

6. **aborder un sujet, le sujet de + NOM; mettre un sujet en lumière**

    Je voudrais *aborder un sujet* compliqué (*le sujet de* la pollution) parce que c'est *un sujet* qu'il faut *mettre en lumière*.

7. **poser le problème de, de comment** faire, qqch.

    Je vais *poser le problème* non seulement *de* la pollution individuelle mais aussi *de comment* diminuer la pollution industrielle.

8. **faire allusion à** qqch.

    Trop souvent, on *fait* seulement *allusion à* la pollution individuelle.

9. **d'abord ... ensuite ... de plus ... enfin ...**
   tout d'abord ... d'autre part ... par ailleurs ... enfin ...

    Nous verrons *d'abord* les sources du problème et *ensuite* ses dimensions. *De plus* j'essayerai de mettre en lumière toutes les solutions possibles. *Enfin*, je tâcherai d'indiquer comment on pourrait commencer à chercher une solution.
    Tout d'abord il faut convaincre tout le monde que le problème existe, et *d'autre part* que l'on peut le résoudre. *Par ailleurs* il faudra être sûr de la coopération des plus grands producteurs de pollution. *Enfin* il faudrait vérifier que le budget nécessaire ait été voté par les députés.

10. **je veux dire par là que ...** ; **... en ce sens que ...** ; **dans la mesure où ...**

    La pollution est un problème moderne, *je veux dire par là que* (*en ce sens que, dans la mesure où*) avec notre technologie nous produisons beaucoup mais aussi nous produisons mal.

11. ainsi, ...

> Nous sommes tous concernés. *Ainsi*, le grand industriel mais aussi l'enfant qui jette une bouteille sont tous les deux producteurs de pollution.

12. en d'autres termes ...; autrement dit ...

> La pollution est un mal de notre siècle. *En d'autres termes* (*Autrement dit*), nous vivons de la pollution et nous en mourrons.

notes

- Dans l'énumeration (9) **ensuite** et **de plus**, comme **d'autre part** et **par ailleurs**, ne viennent pas nécessairement dans l'ordre donné ici, mais servent à introduire de nouvelles considérations.

- **Ainsi** (11) au début de la phrase et suivi d'une virgule, signifie "par exemple". Sans virgule et suivi de l'inversion du sujet et du verbe, il signifie "donc, par conséquent". Cf. IV.E.3.

NOM _____ II • C

EXERCICES

I. Remplir les blancs avec des expressions de cette section.

Quand on _____ le sujet de l'avant-garde, il faut d'abord _____

_____ de comment définir les conventions artistiques de l'époque. _____,

un artiste est le produit d'une tradition: _____, il / elle se définit souvent

contre cette tradition. _____, il faut prendre en considération les conditions

de production de l'époque. _____ il faut traiter des artistes eux-mêmes: leur

classe sociale, leur formation, leurs milieux artistiques, etc., pour dégager ce que l'avant-

garde représente à leurs yeux.

II. Ecrire des phrases à sens équivalent:

1. On devrait interdire de fumer dans les lieux publiques: *en premier lieu* la fumée peut gêner

   les autres; *en deuxième lieu*, elle peut nuire à leur santé; et *en dernier lieu*, elle est dan-

   gereuse pour le fumeur aussi.

2. La peine de mort est inutile, *dans la mesure où* elle n'empêche pas les crimes.

3. *Autrement dit*, il faut bien distinguer entre signification et référence.

4. Dans son discours, elle *a fait* souvent *allusion à* l'oeuvre de Proust.

5. Les légumes frais ont un goût supérieur; *par ailleurs*, ils sont plus sains.

III. Compléter les phrases commencées.

1. Dans tout cours de science politique, il faut aborder . . .

2. Il faut combattre le terrorisme; en d'autres termes . . .

3. Pour être jaloux, il faut se sentir engagé; je veux dire par là que . . .

4. Il a présenté le point de vue de l'église; et ensuite . . .

5. Les femmes ont des rôles plus importants dans le cinéma actuel. Ainsi . . .

IV. Vous faites un exposé sur l'alcoolisme qui évoquera les points suivants. A l'aide des expressions de cette section, vous écrivez le premier paragraphe de votre exposé, qui annoncera le plan que vous allez suivre.

—C'est un sujet qui touche tout le monde
—Le taux de l'alcoolisme augmente chaque année
—La consommation des jeunes a augmenté
—Les Etats-Unis ne sont pas le seul pays à avoir ce problème
—Il faut trouver des solutions

V. Une soucoupe volante a atterri aux Etats-Unis. Vous êtes le président et vous tâchez de calmer la population. Dans votre discours radio-diffusé, vous employerez les expressions suivantes: **mettre en lumière, poser le problème, en ce sens que, par ailleurs, en d'autres termes, dans la mesure où, ainsi.**

II · L'opinion personnelle

D. La mise en relief

RAPPEL   **1. ce qui . . . , ce que . . . , c'est** qqch., **que** qqch.
            2. le + ADJ ou NOM, **c'est** qqch., **que** qqch.
            3. c'est . . . qui (que) . . .
            4. insister sur qqch., **sur le fait que**

un examen important

5. rappeler, souligner qqch.; **signaler** qqch. en particulier; **signaler que**

> Le professeur a *rappelé* (*souligné*) l'importance de l'examen.
> Le professeur a *signalé* l'importance de cet examen (*que* cet examen était important).

6. attirer l'attention, mettre l'accent sur qqch., **sur le fait que**

> Il a *attiré l'attention* (*mis l'accent*) *sur* les problèmes de traduction.
> Il a *attiré l'attention* (*mis l'accent*) *sur le fait qu'*on devait être bien préparé.

7. attacher de l'importance à qqch., **à ce que +** SUBJ

> Mon professeur de l'année dernière *attachait* aussi *de l'importance aux* examens (*à ce qu'*on soit bien préparé).

8. insister pour que + SUBJ

> Le professeur a *insisté pour que* nous préparions bien l'examen.

9. voilà ce qui / ce que . . . ; voilà pourquoi . . .

> Apprendre, *voilà ce qui* est important (*ce qu'*on doit faire), non pas préparer toujours des examens.
> Apprendre, *voilà pourquoi* je suis là, non pas pour préparer toujours des examens.

10. en effet . . .   (*et c'est vrai*)

> On m'avait dit qu'il y aurait beaucoup d'examens, et *en effet* il y en a eu beaucoup.

11. d'autant plus que ... *(une raison supplémentaire)*

Je suis malheureux ici, *d'autant plus que* j'ai horreur des examens.
Je suis *d'autant plus* malheureux ici *que* j'ai horreur des examens.

notes

- En français on **met l'accent sur** quelque chose (6). Cf. "emphase", qui indique le style pompeux et affecté.

- C'est souvent la syntaxe, l'ordre des mots, qui effectue la mise en relief en français. (Cf. l'importance en anglais du ton de la voix et de la durée des syllabes.) Les tournures (3) et (9) en sont des exemples.

- Remarquer la différence syntaxique entre **insister sur le fait que** (4) suivi d'une proposi-tion à l'indicatif (le fait est déjà accompli), et **insister pour que** (8), suivi d'une proposition au subjonctif pour indiquer que l'action désirée n'est pas encore effectuée. **Insister** n'est jamais suivi directement par **que**.

- On dit aussi "d'autant moins que" (11). Il est aussi possible, pour spécifier, d'insérer un adjectif ou un adverbe entre **plus** / **moins** et **que** (voir l'exemple).

M. Aristides Royo met l'accent sur l'indépendance de son pays

Quelques détails auxquels nous attachons la plus grande importance...

LANVIN

EXERCICES

I. Transformer la phrase en ajoutant la construction entre parenthèses à l'expression en italique et en faisant les changements nécessaires.

   modèle   Le premier ministre a *attiré l'attention* sur la baisse de l'inflation.   (le fait)
   Le premier ministre a *attiré l'attention sur le fait que* l'inflation a baissé.

   1. L'auteur de l'article *insiste sur* l'injustice des impôts.   (le fait)

   2. Le concierge a *signalé* l'augmentation du loyer.   (que)

   3. Il n'*attache* pas beaucoup *d'importance* à la fidélité de sa petite amie.   (ce que)

   4. Il faudrait *mettre l'accent sur* la difficulté de ce concours.   (le fait)

   5. Le prêtre a *insisté sur* la sincérité des fidèles.   (pour que)

II.   Donner des phrases à sens équivalent.

   Le secrétaire général du syndicat a *rappelé* le but de la grève. *Ce qui* importe, a-t-il dit, c'est *d'attirer l'attention* sur la situation des employés des Postes. Il a *insisté* sur la nécessité de gêner parfois le public: tout le monde compte sur une distribution du courrier efficace; *voilà ce qui fait qu'*une grève des postiers ne passe jamais inaperçue. Mais c'est le seul moyen qu'ils ont de *mettre l'accent sur* leurs problèmes.

III.   Transformer la phrase à l'aide des expressions données.
   Le ministre de la santé a insisté sur les dangers de la drogue.
   1. attirer l'attention

   2. mettre l'accent sur le fait que

   3. rappeler

   4. souligner

5. signaler que

6. attacher de l'importance

IV. Compléter les phrases commencées.

1. C'est la première fois que Michèle sort avec lui. Voilà pourquoi . . .

2. Quand j'étais petit, mon père insistait pour que . . .

3. Je suis d'autant plus contente d'habiter Paris . . .

4. Ce qui nous inquiète chez ton fiancé, . . .

5. On m'avait dit que le restaurant était cher, et en effet . . .

V. Pour un cours, vous écrivez un compte rendu d'un livre dans lequel il faut résumer le point de vue de l'auteur. Employer les expressions suivantes: **souligner, attacher de l'importance à, voilà ce que,** ADJ ou NOM + . . . **c'est, insister pour que, d'autant plus que, en effet.**

II · L'opinion personnelle

E. Accord et désaccord

RAPPEL
1. **être d'accord avec** qqn, qqch.
2. **être pour / contre** qqn, qqch.
3. **accepter / refuser** qqch., **de** faire qqch.

un candidat politique

4. **être de l'avis de** qqn

    Je *suis de l'avis du* candidat en ce qui concerne les pays en voie de développement.

5. **être favorable à** qqch.; **être partisan de** qqch. / s'**opposer à** qqch.
   prendre parti pour qqn, qqch., **pour faire** qqch. / s'**opposer à ce que** + SUBJ

    Le candidat *est favorable à* (*est partisan de, prend parti pour*), l'aide aux pays en voie de développement, mais il *s'oppose à* des impôts plus élevés.
    Le candidat *est partisan d'*aider (*prend parti pour* aider) les pays en voie de développement mais il *s'oppose à ce que* les impôts soient augmentés.

6. **être content, satisfait, de** qqch., **que** + SUBJ / **être mécontent, fâché, de** qqch., **que** + SUBJ

    J'*étais content* (*satisfait*) *de* ses idées mais je *suis* très *mécontent* (*fâché*) *de* ce qu'il a dit la semaine dernière.
    J'*étais content* (*satisfait*) *qu'*il veuille aider d'autres pays mais je *suis mécontent* (*fâché*) *qu'*il croie pouvoir le faire si facilement.

7. **contenter** qqn / **mécontenter** qqn

    Il semble vouloir *contenter* tout le monde mais on ne peut pas éviter de *mécontenter* quelqu'un.

8. qqch. **convient à** qqn   (*plaît, est acceptable*)

    Ses principes politiques me *conviennent* parfaitement mais son style ne me plaît pas.

9. **vouloir bien** faire qqch., **que** + SUBJ; **se contenter de** qqch., **de** faire qqch.
   (*accepter, ne pas désirer plus*)

Je *veux bien* voter pour lui (*qu'*il soit élu); mais j'espère qu'il ne *se contentera* pas simplement *de* quelques discours vagues (*de* faire quelques discours vagues).

10. **donner son accord pour** qqch., **pour** faire qqch.; **convenir de** faire qqch., **que**

Il a déjà *donné son accord pour* (*pour* établir; est déjà *convenu d'*établir, *qu'*on établira) de nouveaux contacts avec les pays en voie de développement.

notes

- Pour l'emploi de "être **de** l'avis **de** quelqu'un" voir II.A.8.

- Noter que s'**opposer** (ou **être favorable**) à **ce que** (5) est suivi du subjonctif.

- Le contraire du nom **partisan** (5) est **adversaire**. Au féminin on dit **partisane** ou **partisante**. Noter qu'on est partisan **de** qqch. ou **de faire** qqch., mais adversaire **de** qqch. seulement.

- On est content, satisfait, etc., **de** qqch. en français (6).

- Ce qui **convient** à quelqu'un (8) lui plaît, lui est acceptable. Une chose ou une activité **convenable** est ce qui est acceptable aux yeux des gens en général. Distinguer aussi en français entre **convenable** (selon les moeurs et les normes) et **commode** (pratique, facile à faire). Au passé, l'auxiliaire de **convenir** est **être** en français soigné, **avoir** en français courant.

- **Se contenter** (9) comporte une nuance de résignation en français.

M. Peyrefitte est favorable aux peines de substitution pour les petites condamnations

AVANT DE QUITTER JÉRUSALEM POUR WASHINGTON
M. Begin affirme qu'il s'opposera à toute pression américaine

EXERCICES

I. Ecrire des phrases à sens équivalent.

    modèle   Je suis *de l'avis de* ton frère.
                  Je suis *d'accord avec* ton frère.

1. Tous les gens sensés seront *d'accord* avec elle.

2. Je suis *pour* les mineurs dans la grève.

3. L'institutrice a été *contente* de leur conduite.

4. J'ai *convenu* d'écrire un article par semaine pour son journal.

5. Notre groupe *est partisan de* ces nouvelles mesures.

6. Je suis *mécontente* qu'il ait pris cette décision si tard.

II. Ecrire des phrases à sens contraire.

    modèle   La direction *a accepté* de parler avec les représentants du syndicat.
                  La direction *a refusé* de parler avec les représentants du syndicat.

1. La presse est *partisane* des grévistes.

2. Elle est *mécontente* que tu sois offensé.

3. Les diplomates sont *satisfaits* du résultat des négociations.

4. Thierry a la faculté de *contenter* toujours ses professeurs.

5. La majorité des ouvriers sont *pour* le nouveau contrat.

III. Faire des phrases avec les éléments donnés.

1. idées / ne . . . pas du tout / convenir / nous

2. nous / convenir / le concierge / pouvoir / emménager / semaine prochaine

3. père / s'opposer / je / être / médecin

4. falloir / prendre parti / victimes de la répression (futur)

5. il / vouloir bien / m'aider / mais / père / opposer (passé)

IV. Répondre aux questions en employant les expressions de cette section.

1. Pensez-vous qu'on doive exiger certains cours?

2. Voudriez-vous que les cours exigent plus de travail?

3. Etes-vous content de votre chambre?

4. La suppression des notes vous conviendrait-elle?

5. Devrait-on instaurer le rationnement de l'essence aux Etats-Unis?

6. Devrait-on faire remonter l'âge de voter à 21 ans?

7. Etes-vous de l'avis des partisans des installations nucléaires?

V. Rapporter le débat entre un(e) féministe et un(e) anti-féministe, en vous servant des mots et constructions de cette section.

II · L'opinion personnelle

F. Doute et scepticisme

RAPPEL **1.** **ne pas croire que** + SUBJ
2. **douter de** qqch., **douter que** + SUBJ

un mariage

3. **n'être pas sûr de** qqch; **de** faire qqch., **que** + SUBJ

Elle *n'est pas sûre de* son amour, il *n'est pas sûr de* l'aimer, et je *ne suis pas sûr qu'*ils se marient.

4. **se demander si; se poser des questions sur** (*en ce qui concerne, à propos de*) qqch.

Il *se demande s'*il doit l'épouser.
Elle *se pose des questions sur* sa promesse de fidélité.

5. **croire en** qqn, qqch.; **faire confiance à** qqn, qqch. / **se méfier de** qqch.

Elle *croyait en* lui et *en* son amour (*lui faisait confiance, à* son amour) mais elle a commencé à *se méfier de* lui quand elle l'a vu sortir avec une autre jeune fille.

6. **ne croire guère à** qqch.; **être, rester sceptique sur** qqch.

Je *ne crois guère à* (Je *suis, reste sceptique sur*) sa passion.

7. **il serait étonnant que** + SUBJ (*je n'y crois guère*)
*Il serait étonnant qu'*il y ait un mariage.

8. **être douteux, discutable** (*la chose n'est pas convaincante*)

Sa promesse de fidélité me paraît très *douteuse* (*discutable*).

notes

- Comme **ne pas croire que** (1), **n'être pas sûr que** (3) est suivi du subjonctif.

- **Se demander si** nécessite une proposition; **se poser des questions sur,** un nom (4).

- Une des formes les plus courantes de **se méfier** (5) est l'avertissement: "Méfiez-vous".

- **Il serait étonnant que** (7) est suivi du subjonctif.

- Ce sont les choses qui sont **douteuses** ou **discutables** (8), non les personnes. Celles-ci **doutent** (2) ou **se posent des questions** (4); ou bien elles sont suspectes et on **se méfie d'elles** (5).

Une mise en question du projet de budget

François-Poncet à l'O.N.U. : « Pour un monde plus solidaire et plus sûr »

EXERCICES

I. Transformer la phrase à l'aide du mot entre parenthèses. Attention au mode des verbes.

  modèle Il est très sentimental. (ne pas croire)
  Je ne crois pas qu'il soit très sentimental.

  1. Cette station de métro est ouverte. (ne pas croire)

  2. On peut sortir sans danger le soir à Paris. (n'être pas sûr)

  3. Jean-Marc est le plus fort. (douter que)

  4. Nous avons assez d'argent pour dîner dans ce restaurant. (n'être pas sûr)

  5. Claude sera à l'heure. (douter que)

II. Ecrire des phrases à sens équivalent.

  modèle Je *me pose des questions* à propos de sa sincérité.
  Je me demande s'il est sincère.

  1. Nous *nous demandons si* ce livre est important pour le cours.

  2. Il me semble qu'on peut *croire en* lui.

  3. Je *ne crois guère* à sa détresse.

  4. Elle *doutaient que* ses remarques soient sérieuses.

  5. Les journaux *restent sceptiques sur* la nouvelle solution proposée par l'ONU.

  6. Mes compétences en football sont *discutables*.

III. Transformer les phrases à l'aide des expressions données.

  A. *Je doute que tu comprennes vraiment la situation.*

  1. n'être pas sûr

  2. il serait étonnant

  3. se demander si

  4. ne pas croire

B. *Je doute de sa force de caractère.*

1. ne croire guère

2. n'être pas sûr

3. être sceptique

4. discutable

5. se poser des questions

6. douteux

IV. Quelqu'un a essayé de vous convaincre de l'innocence d'un accusé. Expliquer pourquoi vous restez sceptique là-dessus, à l'aide des expressions suivantes: **ne pas croire, ne croire guère, se poser des questions, se méfier de, douteux, n'être pas sûr.**

II · L'opinion personnelle

G. Discussion et dispute

RAPPEL
1. **discuter** qqch. (*étudier le pour et le contre, examiner de façon critique*)
2. **reprocher à** qqn qqch., **de** faire qqch.
3. **se disputer** (**avec** qqn) (*une querelle*)
4. **mettre** qqn **en colère; se mettre en colère**

le / la camarade de chambre

5. **se fâcher contre** qqn; **se mettre d'accord avec** qqn

   Ma camarade de chambre et moi *nous étions mises d'accord sur* une certaine coexistence dans la chambre, mais hier soir *je me suis fâchée contre* elle.

6. **avoir des mots; échanger des mots**

   Nous *avons eu des mots* (*avons échangé des mots*) au sujet du rangement.

7. **en vouloir à** qqn **de** faire qqch. (*avoir du ressentiment contre*)

   Je *lui en veux de* ne pas ranger ses affaires.

8. **s'attaquer à** qqn; **s'en prendre à** qqn (*critiquer durement*)

   Elle *s'est attaquée* (*s'en est prise*) à ce qu'elle appelle ma manie du rangement.

9. **se réconcilier**

   Je doute que nous puissions *nous réconcilier.*

notes

- On **se fâche contre** quelqu'un dans une dispute (5). **Se fâcher avec** quelqu'un signifie **se brouiller** (voir III.B.2).

- **En vouloir à** quelqu'un (7), ne pas aimer ce que quelqu'un a fait, prend souvent un complément au passé: "Il m'en veut de ce que je lui ai dit".

  S'attaquer à quelqu'un (8) représente une critique. "Attaquer" indique quelque chose de plus violent.

M. Maire reproche au P.S. de n'avoir pas vu
les aspects positifs de la loi sur les prud'hommes

M. Mario Soares s'en prend vigoureusement à la « personnalisation du pouvoir »

EXERCICES

I. Faire une phrase avec les éléments donnés et **en vouloir** au temps indiqué, suivant le modèle:

modèle Jeanne / Frédéric / l'avoir trompée (passé)
Jeanne en voulait à Frédéric de l'avoir trompée.

1. le Président / les députés / retarder son programme (présent)

2. moi / vous / avoir oublié? (présent)

3. nous / ses parents / nous avoir séparés (passé)

4. un jour / elle / toi / t'avoir écouté (futur)

5. mes amis / toi / ne jamais sortir avec nous (présent)

II. Transformer la phrase à l'aide des expressions données et en complétant le sens, s'il le faut.

Les révolutionnaires me mettent souvent en colère.

1. se fâcher

2. se disputer

3. s'attaquer

4. s'en prendre

5. en vouloir

6. reprocher

III. Donner la question dont voici la réponse, en employant une expression de cette section.

modèle Nous ne pouvions pas nous mettre d'accord sur notre programme.
Pourquoi vous êtes-vous disputés?

1. C'est qu'il m'a insulté.

2. Nous avons parlé de la grève des pompiers.

3. Je le trouve très obstiné.

4. C'est qu'il est toujours en retard.

5. Oui; nous nous sommes excusés l'un auprès de l'autre.

IV. Faire des phrases avec les éléments donnés et en complétant le sens.

1. nous / réconcilier / après . . .

2. Georges / Jean-Loup / échanger des mots . . . (passé)

3. mon mari / s'en prendre / moi / chaque fois . . .

4. les deux ministres / se mettre d'accord . . . (passé)

5. je / se fâcher / toujours . . .

V. Vous êtes au bar de la Coupole et vous voyez deux personnes qui commencent à se disputer. Rapporter leurs paroles et leurs actions, en vous servant des expression suivantes: **se fâcher, avoir des mots, reprocher, en vouloir à, s'attaquer à, se réconcilier.**

II · L'opinion personnelle

H. Intérêt et préférence

1. qqch. **intéresse** qqn; qqn **s'intéresse à** qqch.
2. qqn **aime beaucoup** qqch.; qqn **aime mieux / moins** une chose **qu'**une autre
3. **préférer** qqch. **à** qqch.
4. qqch. **plaît à** qqn   (*qqn aime qqch.*)
5. **détester** qqch., faire qqch.   (*ne pas aimer du tout*)

aller au cinéma / rester à la maison

6. **préférer** faire qqch. **plutôt que de** faire qqch. d'autre

   Je *préfère* aller au cinéma *plutôt que de* rester à la maison.

7. **avoir envie de** qqch., **de** faire qqch.; faire qqch. **volontiers**   (*avec plaisir*) / faire qqch. **à contrecoeur**   (*avec répugnance*)

   D'habitude j'*ai envie de* distractions (de m'amuser) et je sors *volontiers* au cinéma. Quand je reste chez moi c'est vraiment *à contrecoeur*.

8. **être amateur de** qqch.   (*aimer le faire*); **être enthousiaste à l'idée de** faire qqch.; **être ravi de** faire qqch.   (*très content*)

   Je *suis amateur de* cinéma et *suis* toujours *enthousiaste à l'idée d'*y aller. Je *serai* donc *ravi de* vous accompagner.

9. **tenir à** qqch., **à** faire qqch.   (*vouloir absolument*) / **avoir horreur de** qqch. **de** faire qqch.   (*détester*)

   Je *tiens à* mes sorties au cinéma (à aller voir des films) et j'*ai horreur des* soirées tristes à la maison (*de* rester toujours à la maison).

10. **n'aimer pas tellement**   (*pas beaucoup*) qqch.

    D'habitude, je *n'aime pas tellement* les westerns.

11. qqch. **laisse** qqn **indifférent**; NOM ou INFIN + **cela est égal à** qqn, **de** faire qqch. **peu importe à** qqn **que** + SUBJ; **cela est égal à** qqn **que** + SUBJ

    Les westerns me *laissent indifférent*.
    Tu veux voir un western? —*Cela m'est égal. Cela m'est égal de* voir un western.
    *Peu m'importe qu'*on *voie* (SUBJ) un western; *cela m'est égal que* nous *voyions* un western.

IV. Répondre aux questions en vous servant des expressions de cette section.

modèle   Voulez-vous aller faire du ski demain?
Réponses   *J'y tiens; Cela m'est égal; Non, j'ai horreur du ski,* etc.

1. Aimez-vous l'art moderne?

2. Vous intéressez-vous au ballet?

3. Faire de la voile vous plaît-il?

4. Quelle couleur préférez-vous?

5. Etes-vous amateur de tennis?

6. Aimez-vous jouer avec des gens meilleurs que vous?

7. Aimez-vous la boxe?

8. Voudriez-vous dîner au restaurant ce soir?

9. Voudriez-vous faire un voyage en Chine?

10. Voudriez-vous être président des Etats-Unis?

V. Exprimer vos préférences en ce qui concerne la musique (la musique classique, folklorique, populaire, le jazz, le rock, vos musiciens préférés, etc.) en employant les expressions suivantes: **préférer . . . plutôt, amateur, laisser indifférent, être ravi, intéresser, avoir envie, plaire.**

II · L'opinion personnelle

I. Concession et restriction

RAPPEL
1. mais
2. même si
3. bien que + SUBJ
4. cependant
5. avouer que   (*reconnaître un problème ou une difficulté*)

autour d'un divorce

6. **il est évident, exact, incontestable**, etc., **que . . .**   (*concession: c'est vrai . . .*)

> Il est *évident* (*exact, incontestable*) *que* je ne suis pas une femme très facile à vivre, mais tu m'as souvent provoquée.

7. **certes . . .**   (*concession: c'est vrai . . .*)

> *Certes*, dix enfants en neuf ans, c'est beaucoup. Mais pourquoi demander le divorce pour incompatibilité?

8. **quoique + SUBJ**   (*concession: bien que . . .*)

> *Quoique* je fasse souvent des scènes, je t'aime à ma façon.

9. **toutefois, cependant, néanmoins, tout de même**   (*restriction: ceci aussi est vrai*)

> C'est vrai, je me suis souvent moquée de toi. *Toutefois* (etc.) je ne l'ai jamais fait en public.

10. **Cela dit . . .**   (*restriction: ceci aussi est vrai*)

> J'ai été dure et quelquefois méchante. *Cela dit*, tu n'as pas été le meilleur des époux non plus.

11. **en tout cas; de toute façon; quoi qu'il en soit**   (*restriction: cela ne change pas vraiment la situation*)

> Nous divorcerons ou nous ne divorcerons pas, mais *en tout cas* (*de toute façon, quoi qu'il en soit*) c'est moi qui garde les enfants.

12. **si . . . c'est que**   (*restriction: voici pourquoi les choses sont ainsi*)

> *Si* je veux garder les enfants, *c'est que* je m'occupe mieux d'eux.

13. **autant ... autant ...** (*restriction: la deuxième chose est aussi vraie que la première*)

> *Autant* je veux divorcer, *autant* je trouve que les enfants ne doivent pas en souffrir.

14. **reste à savoir si ...** (*restriction: mais nous ne savons pas encore si*)

> *Reste à savoir si* le juge sera de mon avis.

notes

- Les tournures de la concession at de la restriction éclairent surtout deux aspects différents—ou expriment deux visions différentes—d'une même situation. En d'autres termes, toutes les expressions indiquées ici ou bien:

  (1) insistent sur le problème (c'est la concession); ou

  (2) reconnaissent le problème, puis évoquent une explication ou un point de vue atténuant (c'est la restriction).

- Revoir aussi les explications et exemples de II.I. 1 à 5.

EXERCICES

I. Ecrire des phrases à sens équivalent.

modèle Les grévistes ont violé la loi; *cependant* leurs revendications sont justes.
Les grévistes ont violé la loi; *néanmoins*, leurs revendications sont justes.

1. *Certes*, il n'est pas toujours facile d'avouer qu'on s'est trompé.

2. *De toute façon*, je ne vais jamais le revoir.

3. Elle s'est sentie mal. *Tout de même*, elle n'a pas voulu appeler un médecin.

4. *Il est incontestable* qu'il est riche, mais il n'a pas de goût.

5. *Bien qu*'elle m'ait menti une fois, je crois qu'on peut se fier à elle.

II. Lier les deux phrases à l'aide des locutions entre parenthèses.

modèle Elle est jeune. Elle a des idées conservatrices. (bien que)
Bien qu'elle soit jeune, elle a des idées conservatrices.

1. Il est tard. Je ne veux pas rentrer. (quoique)

2. Il y a des cours obligatoires. On peut suivre d'autres cours aussi. (il est exact, mais)

3. La mise en scène était mauvaise; les acteurs étaient médiocres. Je continue à croire que la pièce est excellente. (quoiqu'il en soit)

4. L'argument est simpliste. Il est valable. (cependant)

5. Il est difficile d'utiliser la Bibliothèque Nationale. Elle est très riche. (tout de même)

III. Transformer la phrase en employant les expressions indiquées.

Le professeur est sévère mais bon.

1. certes

2. quoique

3. cela dit

4. de toute façon

5. avouer

IV. Compléter les phrases suivantes:

1. Il sait que c'est moi qui ai téléphoné. Reste à savoir . . .

2. S'il n'a pas voulu vous reconnaître, . . .

3. Le livre est ennuyeux. Néanmoins . . .

4. Il est maladroit, impoli, et malpropre. Cela dit . . .

5. Autant nous voyons les problèmes des autres . . .

V. Vous essayez de convaincre votre camarade de changer de chambre sans l'insulter. Employer les constructions suivantes: **si . . . c'est que, en tout cas, il est évident que, de toute façon, autant . . . autant, toutefois.**

III · Les relations interpersonnelles

A. Le contact

1. **avoir rendez-vous avec** qqn
2. **présenter** qqn **à** qqn d'autre
3. **faire la connaissance de** qqn
4. **venir / aller voir** qqn; **rendre visite à** qqn

un rendez-vous

5. **apercevoir** qqn (*voir de loin*); **croiser** qqn (*le rencontrer par hasard*)

    J'ai *aperçu* Jean-Marc dans la rue. Nous nous sommes *croisés* devant la banque.

6. **saluer** qqn; **aborder** qqn (*lui parler*)

    Nous nous sommes *salués* et il m'a *abordé* comme s'il ne m'avait pas vu depuis un an.

7. **téléphoner à** qqn; **prendre rendez-vous, se donner rendez-vous**

    Hier je *lui* ai *téléphoné* et nous avons *pris rendez-vous* (*nous nous sommes donné rendez-vous*).

8. **venir chercher** qqn; **passer prendre** qqn

    Pascal *viendra me chercher* et nous *passerons prendre* Hélène.

9. **avoir des invités; recevoir**

    Jean-Marc n'*a* pas souvent *des invités:* il n'aime pas *recevoir*.

10. **raccompagner** qqn (*en voiture*); **déposer** qqn

    Peux-tu me *raccompagner?* —Oui, je te *déposerai* chez toi.

11. **garder le contact / perdre** qqn **de vue**

    Gardons le contact, d'accord? —Oui! ce serait dommage de *nous perdre de vue*.

Saft-Leclanché présente la pile qui fait des heures supplémentaires.

Saft-Leclanché. L'énergie longue durée.

EXERCICES

I. Faire des phrases avec les éléments donnés et au temps indiqué.

    1. Daniel / moi / présenter / ses parents (futur)

    2. M. Leroux / apercevoir / son voisin / Café du Dôme (passé)

    3. Je / téléphoner / vos amis / inviter à dîner (futur)

    4. Michèle / croiser / ancien fiancé / station de métro (passé)

    5. Il / venir chercher / moi / aller au théâtre (futur)

II. Compléter les phrases suivantes à l'aide des expressions de cette section.

    1. Stéphane a sa voiture, et il va près de chez vous;

    2. Je l'ai aperçue dans la rue, et . . .

    3. André ne pouvait pas parler au téléphone parce qu'il . . .

    4. Je vais vous écrire bientôt; il ne faut pas . . .

    5. Elle ne les a pas vus encore, mais demain . . .

III. Répondre aux questions avec une autre expression de cette section.

    1. Puis-je vous raccompagner?

    2. Qui avez-vous salué dans la rue?

    3. Reçoit-elle souvent?

    4. L'avez-vous perdue de vue?

    5. Vous êtes-vous donné rendez-vous?

IV. Vous êtes à Paris et vous téléphonez à quelqu'un que vous n'avez pas vu depuis longtemps. Rapporter votre conversation en employant une phrase avec chacune de ces expressions.

1. téléphoner

2. perdre de vue

3. rendre visite

4. prendre rendez-vous

5. passer prendre

V. Alain habite dans la même rue que Catherine, dont il veut faire la connaissance. Raconter ce qui se passe entre eux.

III · Les relations interpersonnelles

B. Rapport et relations

RAPPEL   1. **connaître** qqn
                  2. **s'entendre (avec** qqn**) / se brouiller (avec** qqn**), être brouillés**
                  3. **envers** qqn

le fiancé de ma cousine

4. **se lier facilement; être liant**

   Il semble *se lier facilement (être très liant)*.

5. **se lier difficilement; être timide, réservé, distant**

   Le premier fiancé *se liait difficilement*—il *était* très *timide (réservé, distant)*.

6. **être simple, sans façon / être formaliste**

   Celui-ci *est simple* et *sans façon*. C'est très bien, parce que ma cousine *est* assez *formaliste*.

7. **nouer des relations avec** qqn

   C'est pourquoi elle ne *noue* pas facilement *des relations avec* les autres.

8. **les autres; autrui**

   Elle est souvent mal à l'aise avec *les autres* (avec *autrui*).

9. **vis-à-vis de** qqn; **à l'égard de** qqn (*envers*)

   Elle ne sait pas comment il faut se comporter *vis-à-vis* (*à l'égard*) *d*'autrui.

10. **avoir des affinités, des choses en commun**

    Il est évident qu'elle et son fiancé *ont des affinités (des choses en commun)*.

11. **déranger, gêner** qqn (*troubler, intimider, mettre mal à l'aise*) / **être gêné** (*mal à l'aise*)

    Son fiancé *était gêné* au début mais il est gentil et ne *gênera (dérangera)* personne.

12. voir qqch. **du même oeil / c'est un dialogue de sourds**

Ils *voient* l'art *du même oeil*, mais il faut dire que quand ils parlent politique *c'est un dialogue de sourds*.

13. en vouloir à qqn **de** faire qqch., **si** on fait qqch.

J'espère qu'elle ne *m'en veut* pas *de* lui avoir exprimé mes idées.
J'espère qu'elle ne *m'en voudra* pas *si* je lui exprime mes idées.

14. ne pas supporter qqn; qqn est **insupportable**

Je *ne supportais pas* son premier fiancé (il était *insupportable*).

notes

- Il est difficile de trouver un équivalent français de "casual, informal". C'est sans doute "**être simple, sans façon**" (6) qui s'en approche le plus. En français familier on dit **très décontracté**, "casual". Pour "casually": **simplement, en toute simplicité.**

- En bon français **autrui** (8) est uniquement complément de préposition (**avec** autrui, **envers** autrui, etc.).

- Noter qu'on dit vis-à-vis **de** quelqu'un (9).

- Dans un **dialogue de sourds** (12) chacun parle sans écouter l'autre.

- Bien noter la syntaxe de **en vouloir à** quelqu'un (13). Voir aussi II.G.7.

La C.G.C. durcit son attitude vis-à-vis du gouvernement

M. Holbrooke réaffirme que les États-Unis respecteront leurs engagements à l'égard de leurs alliés dans la région

Dialogue de sourds

EXERCICES

I. Donner des phrases à sens équivalent.

> **modèle** Ma petite soeur est très *timide*.
> Ma petite soeur est très *réservée*.

1. Je trouve que son attitude *vis-à-vis* de ses enfants est déplorable.

2. Son camarade de chambre et lui *ont des affinités*, et ils s'entendent bien.

3. Il faut prendre en considération les besoins d'*autrui*.

4. Il est difficile de *se lier* avec des gens aussi *réservés* que les Lambert.

II. Ecrire des phrases à sens contraire.

> **modèle** En général, ma petite soeur est très *timide*.
> En général, ma petite soeur est très *liante*.

1. Ton ami me semble très *liant*.

2. *Entre* ma mère et mon fiancé, *c'est un dialogue de sourds*.

3. Vous avez l'air de vous lier *facilement*.

4. Mireille *formaliste?* Je dirais plûtot le contraire.

5. Diane et Chantal *étaient brouillées* la plupart du temps.

III. Faire des phrases avec les éléments suivants.

1. je / avoir / rien à dire / égard / ton ami (passé)

2. elle / en vouloir / son mari / la laisser seule

3. tu / en vouloir / moi / si / dire ce que je pense? (futur)

4. être difficile / nouer des relations / les Français

5. nos voisins / ne pas supporter / les enfants (conditionnel)

6. regard / l'agent de police / gêner / la chanteuse

7. cela / déranger / vous / je / fumer?

IV. Finissez les phrases commencées.

1. Je me lie facilement avec . . .

2. Etre formaliste, c'est par exemple . . .

3. Vis-à-vis des étrangers . . .

4. J'ai toujours eu des affinités avec . . .

5. J'en veux à mes parents . . .

6. Ceux que je trouve insupportables, ce sont . . .

7. Je suis facilement gêné par . . .

V. Ecrire un horoscope (conseils et prédictions pour les sentiments, la vie de société, les voyages, etc.), en employant les expressions de cette section.

III · Les relations interpersonnelles

C. La sensibilité

RAPPEL
1. **être sensible** *(sentir facilement les choses)*; **être sentimental, un sentimental** *(d'une sensibilité un peu mièvre)*
2. **tomber, être, amoureux de** qqn
3. **plaindre** qqn *(avoir de la compassion pour qqn)*

le fiancé de ma cousine

4. **éprouver** un sentiment

    Ma cousine *éprouve* toutes sortes de sentiments quand elle est amoureuse.

5. **s'inquiéter; être ému**

    J'espère que son fiancé ne *s'inquiète* pas trop facilement (n'*est* pas trop facilement *ému*).

6. **être hypersensible; avoir une sensibilité à fleur de peau**

    Le problème avec ma cousine, c'est qu'elle est *hypersensible* (elle *a une sensibilité à fleur de peau*).

7. **avoir bon coeur; compatir, être compatissant, au** sentiment de qqn

    C'est dommage, parce qu'en même temps elle a *bon coeur* (*est compatissante, compatit, aux* ennuis des autres).

8. **le moi; l'amour-propre**

    Elle va être un cas difficile: j'espère que *le moi* (*l'amour-propre*) de son fiancé est très solide.

9. **en son for intérieur** *(au plus profond de soi-même)*

    En mon for intérieur, je pense qu'ils ne devraient pas se marier.

10. **faire des complexes, être complexé**

    Ma cousine *fait* trop *de complexes* (est trop *complexée*).

La liberté mal aimée

Des adolescents mal aimés

EXERCICES

I. Ecrire des phrases à sens équivalent, en remplaçant l'expression en italique.

1. Ne sois pas en retard ce soir; Marcel est *hypersensible,* et il t'en voudrait.

2. Laurent *est* peut-être trop *compatissant* aux malheurs des autres.

3. C'est incroyable à quel point il *fait des complexes.*

4. On ne pourra pas lui parler de sa maladie; elle *serait* trop *émue.*

5. On ne peut pas l'insulter: son *moi* résiste à tout.

II. Compléter la phrase en employant une des expressions de cette section.

modèle   Elle pleure souvent; *elle est très sentimentale.*

1. On a essayé de séparer Roméo et Juliette, mais . . .

2. Guy devrait voir un psychiâtre;

3. On peut se fier à elle;

4. Le pauvre homme! On doit . . .

5. Ce n'est pas par humilité qu'il dit cela; au contraire, c'est . . .

III. Faire des phrases avec les éléments donnés et en complétant le sens.

1. Quand je / voir / travailleurs immigrés / éprouver . . .

2. for intérieur / mon amant . . .

3. elle / complexes / elle . . .

4. Jacques / bon coeur / il . . .

5. Annette / amoureux / . . .

IV. Ecrire le courrier du coeur (analyses et conseils sentimentaux pour le coeur, la vie sociale, etc.), en faisant une phrase avec chaque expression donnée.

modèle *nouer des liens:* Ne négligez pas les relations sociales; vous *nouerez des liens utiles.*

1. être sensible

2. être complexé

3. compatir

4. tomber amoureux

5. amour-propre

V. Décrivez-vous vous-même, à l'aide des expressions suivantes: **sentimental, s'inquiéter, éprouver, bon coeur, faire des complexes, for intérieur.**

III · Les relations interpersonnelles

D. Estime et réputation

RAPPEL 1. **admirer, estimer** qqn; **avoir de l'estime pour** qqn, qqch.
2. **apprécier** qqch. *(beaucoup aimer)*
3. **avoir entendu parler de** qqch. *(on vous en a parlé)*

les professeurs

4. être **connu, célèbre**

> J'admire un professeur qui sait faire aimer les oeuvres *connues* (*célèbres*).

5. **vanter** qqch. / **faire peu de cas de** qqch.

> Mais il faut se méfier de ceux qui *vantent* les oeuvres modernes mais *font peu de cas des* oeuvres classiques.

6. **se donner des airs; se vanter**

> Parler des chefs-d'oeuvre littéraires est souvent une façon de *se donner des airs* (*se vanter*).

7. **se prendre au sérieux; se mettre en avant; se prendre pour** qqn

> En *se mettant* ainsi *en avant*, ils *se prennent pour* des génies. Je préfère ceux qui ne *se prennent* pas *au sérieux*.

8. **soi-disant** *(qui se dit qqch.)*; **prétendu** *(que l'on dit)*

> Ces *soi-disant* penseurs m'irritent, avec leur *prétendue* science.

notes

- Pour mettre en doute les capacités réelles de qqn, on demande souvent: "Pour qui se prend-il?" (7)

- Distinguer en bon français entre **soi-disant** (ce qu'on dit de soi-même) et **prétendu** (ce que d'autres disent) (8). Noter aussi que **soi-disant** est invariable. (Cf. V. D.8.)

Éloge d'un prétendu « pessimiste »

EXERCICES

I. Transformer les phrases suivantes selon le modèle.

    A. *Elle a voulu devenir célèbre.*

        modèle *se mettre en avant:* Elle a voulu *se mettre en avant.*

    1. se donner des airs

    2. se vanter d'être célèbre

    3. se prendre au sérieux

    4. se prendre pour

    B. *Il avait beaucoup d'estime pour ce prétendu poète.*

    1. admirer

    2. apprécier

    3. vanter

    4. soi-disant

    C. *En général, je n'admire pas ceux qui se donnent des airs.*

    1. peu de cas

    2. apprécier

    3. avoir de l'estime

II. Remplir les blancs avec une des constructions de cette section.

    As-tu _____ Philippe Simon? Il est devenu assez _____

depuis la publication de son roman; et maintenant, il est insupportable. Il _____

Cervantes, pour le moins. Il n' _____ que pour la "littérature totale" —la

sienne, bien sûr—il _____ autres écrivains. Moi, je trouve que toute sa _____ "problémmatique de l'écriture" n'est qu'une autre

façon de _____ . Pour qui _____ ?

III. Compléter les phrases suivantes.

1. Les gens qui se mettent en avant . . .

2. Les touristes aux Etats-Unis vantent . . .

3. Notre professeur fait peu de cas de . . .

4. Tu es ridicule; tu te prends pour . . .

5. Ce que j'apprécie dans la vie d'un étudiant . . .

IV. Une vedette de cinéma, peut-elle avoir une vie privée? Employer les expressions suivantes: **connu, célèbre, avoir entendu parler de, prétendu, faire peu de cas de.**

III · Les relations interpersonnelles

E. Mépris et moquerie

RAPPEL
1. **respecter / mépriser** qqn, qqch.
2. **se moquer de** qqn, **de** qqch.
3. **insulter** qqn

les parents et les enfants

4. **taquiner** qqn; **faire marcher** qqn

    Je n'approuve pas les parents qui *taquinent* (*font marcher*) trop souvent leurs enfants.

5. **ennuyer, agacer, faire enrager,** qqn / qqn **le prend mal**

    Il est injuste de les *ennuyer* (*agacer, faire enrager*) constamment, et ils *le prennent* souvent *mal*.

6. **ridiculiser** qqn; **tourner** qqn **en ridicule**

    Certains semblent prendre plaisir à les *ridiculiser* (*tourner en ridicule*).

7. **traiter** qqn **de** + ADJ, NOM   (*insulter qqn en l'appelant qqch.*)

    J'ai entendu un père l'autre jour qui *traitait* son fils *d'*imbécile.

8. **médire de** qqn; **dire du mal de** qqn

    Si ces gens *médisent* (*disent du mal*) *de* leurs propres enfants, que diront-ils des autres?

9. **être la tête de turc de** qqn / **chercher un bouc émissaire**

    Je plains les enfants qui *sont la tête de turc de* parents troublés à la recherche *d'un bouc émissaire* pour leurs propres difficultés.

notes

- Noter que **faire marcher** quelqu'un (4) est FAMILIER (se dit entre amis mais ne s'écrit pas).

- **Ennuyer, agacer** et **faire enrager** (5) sont présentés par ordre de force croissante. Bien noter qu'ici **ennuyer** a le sens de "irriter, contrarier". Equivalent d'**ennuyer** (FAMILIER): **embêter.** Voir aussi III.B.11.

- Noter la syntaxe de **traiter** quelqu'un **de** quelque chose (7).

- **Tête de turc** (9), qui est plutôt du français parlé, indique une personne qui est l'objet de critiques, de moqueries, etc. Un **bouc émissaire,** du français écrit, signifie de plus que cette personne souffre à la place des autres.

Les partis de l'oppostion commencent à se lancer des insultes

Les otages américains: boucs émissaires d'une révolution manquée

EXERCICES

I. Donner des phrases à sens équivalent en remplaçant l'expression en italique.

modèle Je *ne respecte pas du tout* ceux qui se prennent pour des savants.
Je *méprise* ceux qui se prennent pour des savants.

1. Tu m'*agaces* avec toutes tes questions.

2. François me *taquine* constamment, mais je l'aime bien.

3. Elle *a insulté* son cousin; elle *l'a appelé* malotru.

4. Il est plus facile de *ridiculiser* ses ennemis que de les affronter directement.

5. Elle est très gentille; elle ne *dirait* jamais *de mal* de personne.

II. Transformer la phrase à l'aide des expressions données.

A. *Aline s'est moquée de son frère.*

1. taquiner

2. faire marcher

3. faire enrager

4. agacer

5. tourner en ridicule

6. tête de turc

7. ennuyer

B. *Il a appelé Fernande une "intrigante".*

1. traiter

2. insulter

3. médire de

4. dire du mal de

5. ridiculiser

III. Faire des phrases avec les éléments suivants.

1. Bertrand / prendre mal / taquineries / sa fiancée (passé)

2. falloir / tourner / ridicule / gens / vous / agacer

3. Adrienne / se moquer / insultes / ses anciennes amies (passé)

4. Paulette / mépriser / gens sensibles / traiter / sentimentaux

5. si / vous / ridiculiser / autres / dire du mal

IV. Décrire l'attitude des Parisiens envers les touristes américains, en employant les expressions suivantes: **se moquer de, dire du mal, traiter de, tourner en ridicule, agacer, bouc émissaire, ennuyer.**

IV · Jugement et évaluation

A. Comparer

RAPPEL
1. **plus** / **moins** + ADJ, ADV **que**
2. **plus** / **moins de** + NOM **que**
3. **aussi** / **moins** + ADJ, ADV **que**
4. **autant** / **moins de** + NOM **que**

manger en France et manger aux Etats-Unis

5. **rapprocher** deux choses; qqch. **par rapport** à autre chose *(comparer, en comparaison)*

    Il est intéressant de *rapprocher* la cuisine américaine de la cuisine française.
    Par rapport à la cuisine française, la cuisine américaine est moins riche.

6. **alors que; tandis que**

    Les Français adorent le biftek *alors que (tandis que)* les Américains préfèrent les "hamburgers".

7. **Y comme X; aussi bien Y que X; Y ainsi que X**

    En France *comme* aux Etats-Unis, il faut faire attention à ce qu'on mange.
    Il faut faire attention à ce qu'on mange, *aussi bien* en France *qu'*aux *Etats-Unis*.
    Il faut faire attention à ce qu'on mange, en France *ainsi qu'*aux Etats-Unis.

8. **celui-ci** / **celui-là**

    En ce qui concerne les cuisines française et américaine, *celle-ci* est plus copieuse et *celle-là* plus raffinée.

9. **certains ... d'autres ...; il y en a qui ...** *(certains)*

    Certains préfèrent la cuisine française, *d'autres* l'américaine. *Il y en a qui* préfèrent la cuisine française (mais pas moi).

10. **d'une part ... d'autre part ...** *(deux aspects d'un même phénomène)*

    Moi, je préfère la cuisine américaine: *d'une part* elle est plus copieuse, *d'autre part* les repas sont moins chers.

11. en revanche; par contre ... (*introduit un contraste*)

Le vin français est très bon. *En revanche (Par contre)* la bière française n'est pas toujours extraordinaire.

12. ou ... ou ... ; soit ... soit ... / ne ... ni ... ni ...

Le dilemme français est le suivant: *ou (soit)* or prend deux heures pour le déjeuner *ou (soit)* on travaille au rythme du monde moderne.
C'est un dilemme parce que beaucoup de Français *ne* veulent renoncer *ni* aux traditions *ni* au monde moderne.

notes

- Distinguer entre **alors que** et **tandis que** (6), qui établissent un contraste; et **pendant que,** qui indique le parallélisme dans le temps.

- Noter l'ordre des termes dans "aussi bien Y que X" (7).

- Lorsqu'il s'agit de distinguer ou de comparer deux choses dans une structure équilibrée, on peut utiliser: **Certains ... d'autres** (9); **D'une part ... d'autre part** (10); **ou ... ou ...** (12).

Quand le deuxième élément de la comparaison n'est qu'implicite, on recourt à **il y en a qui ...** (9).

Quand, après une première déclaration, on décide d'établir un contraste on introduit le deuxième élément par **En revanche** ou **Par contre** (11).

EXERCICES

I. Ecrire une phrase à sens équivalent en remplaçant l'expression en italique.

1. J'aime la vie à la campagne. *En revanche* la ville présente aussi certains avantages.

2. La vie en ville est difficile: *soit* on court des dangers dans la rue, *soit* on reste enfermé à la maison.

3. *Certains* préfèrent une maison à la campagne, *d'autres* non.

4. Les prix augmentent à la campagne, *ainsi qu'*en ville.

5. Il y a beaucoup de bruit en ville *alors que* la campagne est tranquille.

II. Ecrire une phrase à sens contraire.

1. La vie en ville présente *moins* de dangers que la vie à la campagne.

2. La ville présente *autant* d'avantages que la campagne.

3. La ville est *ou* trop mouvementée *ou* trop calme.

4. Entre la campagne et la ville, *celle-ci* me plaît plus.

5. La vie à la campagne est *aussi* simple qu'à la ville.

III. Compléter les phrases.

1. Par rapport aux professeurs, . . .

2. Certains soutiennent la cause de l'avortement, . . .

3. J'aime les sports: d'une part . . .

4. Je ne soutiens ni les républicains ni les démocrates: ceux-ci . . .

5. Il serait intéressant de rapprocher les étudiants de milieux désavantagés . . .

6. Ou tu décides de m'épouser . . .

IV. Faire une phrase comparant les deux termes donnés en employant les expressions de cette section.

modèle   appartements / maisons particulières
Certains préfèrent les appartements, *d'autres* les maisons particulières.

1. grande université / petit collège américain

2. votre génération / celle de vos parents

3. la musique classique / le rock

4. M. Doumont / sa femme

5. Le Canada / les Etats-Unis

V. Comparer les hommes et les femmes, en employant les constructions suivantes: **par rapport à, moins, autant, en revanche, il y en a qui, tandis que, comme.**

IV · Jugement et évaluation

B. Ressemblance et différence

RAPPEL

1. qqn, qqch., **ressemble à** qqn, qqch.; deux personnes ou choses **se ressemblent**
2. une personne ou chose **est semblable à** (*ressemble à*) une autre; les deux **sont semblables**
3. **être le contraire de** qqn, qqch.
4. **comme** qqn / **contrairement à** qqn

la mère et la fille

5. **être comparable à; être pareil à; être le / la même que**

   La fille *est comparable à* la mère en beaucoup de choses, et beaucoup de ses habitudes *sont pareilles à* celles de sa mère. Mais je la connais trop bien pour dire qu'elle *est la même que* sa mère.

6. **Y rappelle X, fait penser à X; on dirait, aurait dit, X** (*ressembler de très près*)

   En beaucoup de choses, la fille *rappelle* (*fait penser à*) la mère.
   J'ai vu Jeanne l'autre jour. C'est extraordinaire; *on dirait* (*aurait dit*) sa mère à 16 ans.

7. **tenir d'une personne**

   Physiquement, elle *tient* vraiment *de* sa mère.

8. **de même que ... de même ...; il en est** (ou **va**) **de même pour** (*c'est la même chose pour*)

   De même que sa mère s'habillait toujours bien, *de même* elle est très élégante.
   Sa mère était très élégante. *Il en est* (*va*) *de même pour* Jeanne.

9. qqn ou qqch. **vaut** qqn ou qqch. d'autre; les deux **se valent** (*être différents mais équivalents*)

   Mais elle ne *vaut* pas sa mère pour l'intelligence.
   En ce qui concerne la danse, la fille et la mère *se valent*.

10. **cela revient au même**   (*c'est pareil*) / **il n'en est rien**   (*pas du tout*)

Le père préfère voyager en Europe et la mère aux Etats-Unis, mais comme la fille aime voyager partout *cela revient au même* pour elle. Je croyais qu'elle aurait les mêmes goûts que sa mère mais *il n'en est rien.*

11. **contrairement à ce que**

Contrairement à ce que pense sa mère, elle aime faire une cuisine très compliquée.

12. **n'avoir rien à voir, n'avoir aucun rapport, avec** qqch.

C'est curieux: elles se ressemblent physiquement mais cela *n'a rien à voir (n'a aucun rapport) avec* leurs idées.

13. **il y a X et X**   (*tout le monde ne comprend pas la même chose par X*)

Je crois donc qu'*il y a* ressembler *et* ressembler.

notes

- Noter que **le contraire** (3) est invariable mais qu'on dit **le** ou **la même** selon le cas (5).

- **Tenir de** (7) exprime surtout une ressemblance familiale.

- **Valoir** quelque chose dans le sens ici (9) est surtout employé au négatif: "Paris *ne vaut pas* Lyon pour la gastronomie". **Se valoir** (9) s'emploie très fréquemment dans l'expression "cela se vaut".

- "Il y a X et X" (13) signale une différence malgré le fait qu'à première vue la chose ou le phénomène semble simple et sans ambiguïté.

EXERCICES

I. Ecrire des phrases à sens équivalent.

    modèle   La situation économique en France *est semblable à* celle que nous connaissons ici.
              La situation économique en France *ressemble à* celle que nous connaissons ici.

    1. Cet exercice et celui de la semaine dernière *se ressemblent.*

    2. Il travaille *de la même façon* que moi.

    3. Lequel de ces deux films avez-vous préféré? Les deux *se valent.*

    4. Son expérience *a été comparable* à la mienne.

    5. C'est une maison remarquable: on *dirait* un hôtel du 17e siècle.

    6. Cette remarque me *fait penser* à ma mère.

    7. Oui, elle est belle, en effet; mais cela *n'a rien à voir* avec ma décision.

II. Transformer la phrase à l'aide des expressions indiquées et en la complétant s'il le faut.
    Le français et l'espagnol se ressemblent.

    modèle   *de même que:* De même que l'espagnol, le français est une langue romane.

    1. ressembler à

    2. semblable

    3. comparable

    4. pareil

    5. valoir

    6. il en est de même pour

    7. comme

    8. contrairement à

III. Compléter la phrase à l'aide d'une des expressions de cette section.

1. Dans le fond, annoncer la nouvelle par téléphone ou par lettre . . .

2. Oui, dans un sens je suis contre le tourisme, mais . . .

3. Pourquoi revenez-vous toujours au sujet de la psychologie? . . .

4. J'avais l'impression que sa femme était très snob, mais . . .

5. Au physique, il ressemble à son père, mais au moral . . .

IV. Comparer les deux choses données à l'aide d'une des expressions de cette section.

1. le football / le football américain

2. le sommeil / la mort

3. Les vacances à la montagne / à la mer

4. Paris / New York

5. Les chiens / les chats

V. On dit souvent que toutes les villes aux USA se ressemblent. Donner votre opinion là-dessus, en employant les mots et constructions suivants: **le même, faire penser à, on dirait, de même . . . , pareil, ressembler, contrairement à.**

IV · Jugement et évaluation

C. Sens et signification

RAPPEL
1. le **sens** de qqch.
2. **signifier** qqch.; **vouloir dire** qqch.

l'orateur a crié: "les capitalistes doivent périr!"

3. **en quel sens . . . ?; entendre** qqch. **par** qqch.

En quel sens le capitalisme doit-il périr?
Qu'est-ce qu'il *entendait par* "périr"?

4. qqch. **représente** qqch., **correspond à** qqch.   (*signifier*)

Ce qu'il a dit *représente* pour lui (*correspond* pour lui *à*) un changement
d'avis.

5. **au (sens) propre / au (sens) figuré**

Je ne sais pas s'il entendait "périr" *au (sens) propre* ou *au (sens) figuré*.

6. **n'avoir aucun sens; ne vouloir rien dire**

Pour une bonne partie du public, sa remarque *n'avait aucun sens* (*ne
voulait rien dire*) quand il l'a faite.

7. **l'importance, le poids, la portée, de** qqch.

Mais je crois qu'ils *en* comprennent maintenant *l'importance* (*la portée,
le poids*).

8. **être significatif / insignifiant**

Trouvez-vous sa remarque significative? —Non, j'ai trouvé ce qu'il a dit
tout à fait *insignifiant*.

9. **importer peu; être sans importance**

Ce qu'il pense du capitalisme *importe peu* (*est sans importance*), me
semble-t-il.

10. **être valable / discutable**

Deux ou trois de ses idées *sont* peut-être *valables*, mais toutes les autres
sont vraiment *discutables*.

11. **tant mieux** *(c'est un gain positif) /* **tant pis** *(c'est dommage mais il n'y a rien à faire)*

Il a révélé la corruption de certains hommes politiques. *Tant mieux* si cela les corrige.

Mais beaucoup ont échappé à ses reproches. *Tant pis* pour lui—il sera obligé d'écrire un autre livre.

notes

- **Signification** indique ce que désigne ou représente un mot, une expression, un symbole. **Sens** peut indiquer la **signification** mais aussi l'importance, la valeur, la résonance, d'un phénomène.

- Noter la différence d'orthographe entre **significatif** et **insignifiant** (8).

« *Ce qui importe n'est pas de conclure avant la fin de l'année, mais de parvenir à un bon accord* », affirme M. Jean-François Deniau

EXERCICES

I. Ecrire des phrases à sens équivalent.

   1. *En quel sens* ces philosophes sont-ils "nouveaux"?

   2. A mon avis, le changement d'horaire *importe très peu.*

   3. Il est difficile de saisir *la portée* d'une telle théorie.

   4. La déclaration du ministre des finances *représente* un nouveau point de vue sur la situation.

   5. Comment, "qui veut, peut"? Cela *n'a aucun sens.*

II. Ecrire des phrases à sens contraire.

   1. Dire que la démocratie existe réellement, c'est tout à fait *discutable.*

   2. Quand il parlait des gens "aveugles," c'était *au sens figuré* du terme.

   3. Quand Marie-Françoise parle de politique, elle dit des choses *très significatives.*

   4. Après tout, la décision dont tu parles *a beaucoup d'importance.*

   5. Ce lapsus? *Cela ne veut rien dire.*

III. Transformer la phrase suivante à l'aide des expressions indiquées et en complétant le sens s'il le faut.

   Son idée sur la réforme de l'enseignement a beaucoup d'importance.

   1. poids

   2. portée

   3. significatif

   4. valable

   5. représenter

   6. correspondre

IV. Commenter la citation suivante de La Rochefoucauld en employant chaque expression dans une phrase:

"Il y a de bons mariages, mais il n'y en a pas de délicieux."

1. figuré

2. significatif

3. entendre

4. la portée

5. valable

6. discutable

V. Que signifie le mot "communiste" pour les Américains? Employer: **n'avoir aucun sens, représenter, correspondre, en quel sens, insignifiant, importer peu.**

IV · Jugement et évaluation

D. Juger et évaluer

RAPPEL
1. **trouver, estimer** (*juger*) **que**
2. **juste / faux**
3. **malheureusement . . . ; c'est dommage que** + SUBJ (*c'est regrettable*)
4. **il vaut mieux** faire qqch., **que** + SUBJ

un livre d'analyse politique

5. **porter un jugement, se prononcer, sur** qqch.

   Dans son livre l'auteur *porte un jugement* sévère (*se prononce sévère-ment) sur* certains hommes politiques.

6. **considérer** qqch. **comme** + ADJ, NOM, **que**

   Je *considère* son livre *comme* un des meilleurs (*comme* un travail remarquable).
   Je *considère que* c'est un des meilleurs livres sur la politique.

7. **être exact / inexact**

   Mais même si les faits qu'il cite sont *exacts*, la présentation qu'il en fait est *inexacte*.

8. **approuver, louer,** qqn, qqch. / **désapprouver, blâmer** qqn

   J'*approuve* son but et je le *loue* pour son effort, mais d'autres *dés-approuvent* la façon dont il a agi et l'en *blâment*.

9. **se plaindre de** qqn, qqch.

   Ils *se plaignent de* son style, qu'ils trouvent obscur.

10. **reprocher à** qqn, qqch., **de** faire qqch.   (*critiquer*)

    Je *lui reproche* plutôt sa brièveté (*d'*être trop bref).

11. **n'être pas mauvais; être assez bon, bien; être remarquable, de premier ordre**

    Certains trouvent que son livre *n'est pas mauvais* (*est assez bon, assez bien*); personnellement je trouve que c'est un livre *remarquable* (*de premier ordre*).

12. ne valoir pas grand-chose; être quelconque; ne valoir pas la peine; être sans aucune valeur

Evidemment, les victimes de son livre estiment que le livre *ne vaut pas grand-chose (est quelconque, ne vaut pas la peine, est sans aucune valeur).*

notes

- En français on **porte** un jugement **sur** quelque chose (5).

- On considère quelqu'un ou quelque chose **comme** . . . (6).

- **Blâmer** (8) a en français le sens de critiquer mais pas nécessairement le sens d'une responsabilité mal assumée ou d'une culpabilité.

- On reproche à qqn quelque chose (10), par conséquent on le **lui** / **leur** reproche.

Chine

76 % des Pékinois estiment que les droits constitutionnels n'ont pas été respectés

GRANDE-BRETAGNE :

approuvé par les anti-européens, M. Callaghan est critiqué par les conservateurs et la presse

La commission des lois approuve la proposition du R.P.R. sur la campagne électorale

EXERCICES

I. Donner des phrases à sens équivalent.

1. *Malheureusement,* l'appartement n'est pas à louer.

2. Tout ce qu'elle dit est *juste,* mais il faut voir l'autre côté aussi.

3. Je ne saurais *approuver* son attitude.

4. Les prétendus "faits" dans cet article sont tout à fait *inexacts.*

5. Il faudrait attendre encore quelques années avant de *porter un jugement* sur cette affaire.

6. Quoique nous comprenions vos motifs, nous vous *blâmons pour* votre conduite.

II. Refaire les phrases suivantes en remplaçant les mots en italique par des pronoms, selon le modèle:

modèle   Ils se plaignent *de mon attitude.*
Ils s'*en* plaignent.

Elle reproche beaucoup de choses *à sa mère.*
Elle *lui* reproche beaucoup de choses.

1. Il se plaindra toujours *de sa situation.*

2. Je reproche *à mon père son sang-froid.*

3. Ceux qui se plaignent *de ce cours* ont tort.

4. Tu me reproches vraiment *mes idées?*

5. Quand se sont-elles plaintes *de la décision?*

6. Nous reprochions *au professeur sa manière d'enseigner.*

III. Transformer la phrase en employant les expressions données.

On trouve que cette collection est une des grandes réussites de la Maison Dior.

1. estimer

2. considérer

3. approuver

4. louer

5. remarquable

6. de premier ordre

IV. Exprimer votre jugement sur les oeuvres indiquées, en employant les expressions des numéros 11 et 12.

modèle *Un homme et une femme:* Je trouve que *Un homme et une femme* est un film *quelconque, qui ne vaut pas la peine* d'être vu, etc.

1. *Casablanca*

2. *L'Etranger*

3. la télévision américaine

4. *Paris Match*

5. un film récent

6. un livre récent

V. Faire des phrases avec les éléments donnés.

1. tant mieux / il / amener / amie

2. il / reprocher / film / trop simpliste

3. ses amis / louer / finesse de jugement

4. les femmes / se prononcer / projet de loi (passé composé)

5. parents / Marie-Claire / désapprouver / choix de carrière

6. parents / Marie-Claire / blâmer / insensibilité

7. sa femme / se plaindre / humeur changeante

VI. Donner votre jugement sur le M.L.F. Employer les mots et constructions suivants: **considérer, trouver, exact, inexact, porter un jugement, se plaindre.**

IV · Jugement et évaluation

E. Conclure

RAPPEL 1. **en somme**
2. **donc**
3. **par conséquent**

ne pas s'inquiéter

4. **peser le pour et le contre; faire, dresser, le bilan** (*comparer les résultats positifs et négatifs*)

> J'ai *pesé le pour et le contre* (J'ai *fait, dressé, le bilan*) et je crois que nous n'avons pas besoin de nous inquiéter.

5. **en déduire que, en conclure que** (*en = de mes réflexions sur la situation*)

> J'*en déduis* (*conclus*) *que* nous n'avons pas besoin de nous inquiéter.

6. **ainsi + INVERSION SUJET–VERBE**

> *Ainsi* avez-vous tort de vous inquiéter.

7. **il s'ensuit que, en résulte que, en ressort que** (*le résultat logique est que*)

> Il *s'ensuit* (*en résulte, en ressort*) *que* nous pourrons faire comme nous voudrons.

8. **pour conclure; j'en viens maintenant à ma conclusion; disons en guise de conclusion que**

> *Pour conclure,* (*J'en viens maintenant à ma conclusion, Disons en guise de conclusion que*) tout est bien qui finit bien.

9. **bref . . . ; en un (deux) mot(s) . . . ; en fin de compte . . .**

> *Bref* (*En un mot, En fin de compte*), ne nous inquiétons pas.

10. **au fond; à tout prendre; réflexion faite; somme toute**

> *Au fond* (*A tout prendre, Réflexion faite, Somme toute*), je suis sûr que tout ira très bien.

notes

- Noter que **ainsi** suivi de l'inversion (6) signifie "donc, par conséquent". Cf. II.C.11.

- Les expressions de (9) et (10) indiquent que l'on est sur le point de conclure. Celles de (10) indiquent en plus que la conclusion tiendra compte de problèmes ou de réserves déjà exprimés.

EXERCICES

I. Ecrire des phrases à sens équivalent.

1. *Réflexion faite,* ton cousin est fin mais il n'est pas délicat.

2. Liliane *en déduit que* le film date d'avant la guerre.

3. Après avoir *pesé le pour et le contre,* j'ai compris que notre situation est intenable.

4. Il *en ressort* qu'il ne s'agit pas d'analyser le discours psychanalytique, mais d'en appliquer les principes.

5. *En fin de compte,* je lis beaucoup, mais je n'ai pas beaucoup lu.

6. *J'en viens maintenant à ma conclusion:* en ce qui concerne le développement économique, l'Europe suit les Etats-Unis.

II. Transformer la phrase à l'aide des expressions données.

A. *Au fond, la droite n'a pas gagné: c'est la gauche qui a perdu.*

1. somme toute

2. à tout prendre

3. il en résulte que

4. en deux mots

5. par conséquent

6. pour conclure

B. *Bref, vouloir n'est pas toujours pouvoir.*

1. en fin de compte

2. il s'ensuit

3. j'en viens à ma conclusion

4. en déduire

5. donc

C. *En somme, mes idées étaient fausses.*

1. réflexion faite

2. ainsi

3. en conclure

4. dresser le bilan

5. peser le pour et le contre

III. Compléter les phrases en employant une expression de cette section.

1. C'est la première fois qu'il écrit un poème . . .

2. Il ne nous a pas téléphoné depuis des semaines . . .

3. Elle parle très mal le français . . .

4. La porte était fermée à clef de l'intérieur . . .

5. Nous nous entourons d'objets familiers qui nous protègent . . .

IV. Écrire le dernier paragraphe d'un essai qui aura traité des problèmes moraux posés par l'avortement. Employer les expressions suivantes: **peser le pour et le contre, en conclure, ainsi, en fin de compte, au fond, somme toute.**

V · La connaissance

A. Apprendre

RAPPEL   1. **apprendre, découvrir,** qqch., **que**
2. **enseigner, apprendre,** qqch. **à** qqn; **apprendre à** qqn **à faire** qqch.
3. **avoir entendu dire que**   (*on dit que; selon les rumeurs*)

la musique d'avant-garde

4. **remarquer** qqch., **que; s'apercevoir de** qqch., **(du fait) que**

> J'ai *remarqué* (*me suis aperçu de*) ton goût pour la musique d'avant-garde mais j'ai aussi *remarqué* [*me* suis aussi *aperçu* (*du fait*)] *que* mon professeur de musique la détestait.

5. **constater** qqch., **que**   (*remarquer objectivement*)

> Je *constate* maintenant mon retard en musique (*qu'*il m'a empêché de découvrir la musique contemporaine).

6. **avoir su** qqch.   (*avoir appris, compris*)

> Hélas, je l'*ai su* très tard.

notes

- Noter la forme de **s'apercevoir de** (4), et ne pas le confondre avec **apercevoir** (III.A.5), qui signifie "voir de loin". **S'apercevoir** indique une découverte d'ordre intellectuel.

- **Avoir su** (6) a le sens de "avoir appris" en français.

Le docteur Olievenstein constate
une «absence de volonté politique»

LES PARENTS ET LES DIFFICULTÉS DE LA RENTRÉE

M. Beullac constate une « montée de consumérisme sans esprit de responsabilité »

EXERCICES

I. Transformer la phrase à l'aide des expressions données.

J'ai appris qu'il y a une nouvelle famille dans l'immeuble.

1. découvrir

2. avoir entendu dire

3. remarquer

4. savoir

5. s'apercevoir

II. Faire une phrase avec les éléments suivants et au passé.

1. Hélène / découvrir / infidélités / son mari

2. Michel / savoir / trop tard / tu / être à Paris

3. nous / entendu dire / président / démissionner

4. on / constater / assassins / étrangers

5. Colette / s'apercevoir / sa gêne / et / se taire

III. Compléter les phrases commencées.

1. Hier, en regardant les informations à la télévison, . . .

2. Maintenant, quand je me regarde dans le miroir . . .

3. Après avoir lu ce livre de médecine . . .

4. J'avais toujours su qu'il y avait un trésor caché près d'ici . . .

5. Chaque fois que je lis ce poème . . .

IV. Dans le journal, il y a un article sur l'enseignement primaire aux Etats-Unis. Vous décrirez ce qu'on peut apprendre dans cet article, en employant les expressions données.

1. remarquer

2. découvrir

3. enseigner

4. apprendre

V. Qu'est-ce que vous avez appris depuis que vous avez commencé vos études ici?

V · La connaissance

B. Comprendre

RAPPEL
1. **comprendre** qqch. / **ne comprendre vraiment pas, pas du tout,** qqch.; qqch. **laisse** qqn **perplexe**
2. **être conscient de** qqch.   (*savoir ou sentir que qqch. existe*)
3. **se rendre compte de** qqch., **que**   (*s'apercevoir*)

un cours de russe difficile

4. **saisir le sens de** qqch. / qqch. **échappe à** qqn, **passe inaperçu**   (*bien / mal comprendre*)

   J'ai *saisi le sens des* verbes russes en général mais les nuances *m'échappent* encore, et je suis sûr que beaucoup de détails *passent* complètement *inaperçus.*

5. **prendre conscience de** qqch., **du fait que; être conscient de** qqch., **du fait que**

   J'ai *pris conscience de* mes difficultés (*du fait que* j'avais des difficultés) mais je ne suis pas sûr que les étudiants *en* soient *conscients de* leurs difficultés (*du fait qu'*ils ont aussi des difficultés).

6. **ne rien comprendre à** qqch.

   Il y a un étudiant qui *ne comprend rien au* russe.

7. **s'embrouiller, s'y perdre, ne rien y comprendre**   (*être perdu*)

   Hier au milieu du cours il a crié, "Je *m'embrouille* complètement (Je *m'y perds* complètement, Je *n'y comprends rien*)!"

notes

- Plusieurs des expressions (4, 6, 7) permettent d'ajouter des nuances à "ne pas comprendre" ou "être perplexe" (1). N'oubliez pas qu'en français le verbe **confondre** a le sens de "prendre une chose pour une autre".

- Le nom formé à partir de **prendre conscience** (5) est la **prise de conscience.** Exemple: "Il y a eu une prise de conscience révolutionnaire chez les esclaves."

**Les femmes prennent conscience
de leurs nouveaux droits**

**La hausse du prix de pétrole
ne passera pas inaperçue**

EXERCICES

I. Remplacer les mots en italique par l'expression entre parenthèses.

1. Pour ce qui est de notre politique extérieure, *je n'y comprends rien.* (s'y perdre)

2. Les médecins *se rendent* de plus en plus *compte des* dangers de la pilule. (prendre conscience)

3. Mes professeurs *ne comprennent pas* les inquiétudes de leurs étudiants. (laisser perplexe)

4. *Ils ne remarqueront pas* l'importance des paroles du président. (passer inaperçu)

5. Je n'ai pas pu *saisir le sens* des critiques qu'on m'a faites. (ne rien comprendre)

II. Transformer la phrase en employant les expressions données et en gardant le sens.

Elle a compris la structure du film mais non son importance sociale.

1. saisir le sens

2. prendre conscience

3. être conscient

4. se rendre compte

5. échapper

6. ne rien comprendre à

III. Faire des phrases avec les éléments donnés et au temps indiqué.

1. difficile / saisir / sens / films de la Nouvelle Vague (présent)

2. elle / prendre conscience / le malade / ne plus / avoir de forces (passé)

3. ce texte / trop difficile / étudiants / s'y perdre (présent, futur)

4. Américains / rien / comprendre / problèmes de l'Afrique (présent)

5. père / ne pas / conscient / ils / détester (passé)

IV. Finir les phrases en employant une construction de cette section.

    1. Si on ne lit pas soigneusement, les détails . . .

    2. Rien ne changera en ce qui concerne les droits de l'homme si . . .

    3. Quand je dois faire des équations différentielles, . . .

    4. Je l'avais toujours considérée comme une personne sans intérêt . . .

    5. J'ai essayé d'écouter, d'y prêter mon attention, mais . . .

V. Discuter ce que les parents comprennent chez leurs enfants et ce qu'ils ignorent, en employant les expressions de cette section.

V · La connaissance

C. Connaître et savoir

RAPPEL   **1. connaître** qqn, qqch. / **savoir** qqch., **savoir pourquoi** ou **que**
            2. savoir que / **ignorer que, si**

le voyage du président

    3. faire connaître qqch. **à** qqn; **faire savoir** qqch. **à** qqn, **que** *(annoncer, déclarer)*

        Le président a *fait connaître aux* journalistes sa décision de partir et il a *fait savoir qu'*il considère son voyage comme très important.

    4. avertir, prévenir, qqn **de** qqch., **que** *(faire savoir)*

        Le vice-président l'a *averti (prévenu) des* risques politiques qu'il prenait (*qu'*il prenait des risques politiques).

    5. renseigner qqn **sur** qqch.; **informer** qqn, **mettre** qqn **au courant, de** qqch., **du fait que**

        Il espère que son voyage va le *renseigner sur* la situation en Afrique (va l'*informer*, le *mettre au courant, de* la situation en Afrique).

    6. se renseigner sur qqch.; **s'informer, se mettre (se tenir) au courant, de** qqch.

        L'année dernière il *s'est renseigné sur* (*s'est informé, s'est mis au courant, de*) la situation européenne et depuis il *s'est tenu au courant.*

    7. être renseigné sur qqch.; **être au courant de** qqch.

        C'est un président qui *est* bien *renseigné sur* (*est* très *au courant de*) les affaires étrangères.

    8. faire qqch. **en connaissance de cause** *(sachant ce que l'on fait)* / **à l'insu de** qqn *(sans que la personne le sache)*

        Le président a bien préparé son voyage et part *en connaissance de cause.* Mais *à son insu* il y a des manifestations qui se préparent dans plusieurs capitales.

9. **être bien formé, avoir une bonne formation, en** qqch. (*une bonne prépara-tion*)

> Mais il ne faut pas oublier qu'il fait de la politique depuis plus de 25 ans, que par conséquent il *est bien formé* (*a une bonne formation*).

notes

- D'habitude on **fait connaître** (3) quelque chose—une situation ou un projet, par exemple—mais quand ce qu'on fait connaître s'exprime sous forme de proposition on emploie surtout **faire savoir que.**

  > Le président *a fait connaître* sa décision . . .

  mais: Il *a fait savoir qu'*il considère . . . .

- **Prévenir** (4) ici a le sens de "avertir, alerter". Il n'a le sens d'**empêcher** (VII.B.3) que pour la maladie et les accidents.

- Remarquer les formes différentes selon le sens: **mettre** au courant (5), **se mettre** au courant (6), **être** au courant (7).

- Avec l'expression **en connaissance de cause** (8) la même personne sait et fait. Avec **à l'insu de** (8), une personne ignore alors ce qu'une autre personne fait.

- **Avoir une bonne formation** (9) évoque en général tout ce qu'on a fait pour se préparer, ce qu'on a "derrière" soi.

quand toute l'actualité est à gauche le nouvel observateur est le mieux informé

vous aussi

EXERCICES

I. Remplacer **faire connaître** par **faire savoir que** et compléter la phrase, suivant le modèle.

    modèle   Il a *fait connaître* au professeur son intention de partir.
                 Il a *fait savoir* au professeur *qu'il partait (allait partir).*

   1. J'ai fait connaître à ma mère ma décision de me marier.

   2. Il faudrait faire connaître votre peur à votre femme.

   3. Ils ont fait connaître au président leurs doutes sur sa capacité de gouverner.

   4. Claudie fera connaître son incertitude à son fiancé.

   5. Il m'a fait connaître l'importance du processus.

II. Ecrire des phrases à sens équivalent.

   1. Henri leur a *fait savoir* leurs erreurs.

   2. Le ministre des finances nous *a mis au courant* de la situation économique.

   3. Isabelle *s'est mise au courant* de l'état de l'économie pour son exposé.

   4. Un agent de change doit toujours *être au courant* de l'état de l'économie.

   5. Les étudiants de cette université *ont* généralement *une* bonne *formation* en mathématiques.

   6. Pourquoi ne m'avez-vous pas *averti* de votre malaise?

III. Transformer la phrase suivante.

   On devrait avertir les médecins des dangers de ce médicament.

   1. avertir que

   2. prévenir

   3. informer

   4. mettre au courant

5. renseigner

6. être au courant

7. être renseigné

8. se renseigner

9. s'informer

10. se mettre au courant

IV. Faire des phrases avec les éléments suivants.

1. falloir / tu / prendre / cette décision / connaissance de cause (présent)

2. Bertrand / ne pas prévenir / famille / fait / être malade (passé)

3. les suffragettes / se renseigner / leurs droits (passé)

4. à ton insu / aider / moi / beaucoup (passé)

5. on / vous / mettre au courant / cours obligatoires (futur)

V. Vous êtes à Paris, et vous voudriez partir pour Madrid, mais quelqu'un vous fait savoir qu'il y a une grève de pilotes. Rapporter vos efforts pour vous informer de la grève, des autres moyens de transport, des arrangements pour rester à Paris, etc. Employer les expressions suivantes: **prévenir, faire connaître, renseigner, à l'insu, s'informer, se tenir au courant, mettre qqn au courant.**

V · La connaissance

D. L'hypothèse

RAPPEL   1. **si:** voir avec VI.E.3. *Le possible*

un départ

2. **supposons que** + SUBJ; **à supposer que** + SUBJ; qqn **suppose que** + FUT PROCHE ou FUT)

    Supposons que vous partiez à l'heure: qu'allez-vous manger en route?
    A supposer que nous mangions avant de partir, y aura-t-il un autre train à prendre?
    Je suppose que nous allons trouver (trouverons) une solution.

3. **s'attendre à** qqch., **à** faire qqch., **à ce que** + SUBJ   (*considérer comme probable*)

    Ma famille *s'attend à* mon départ.
    Ma mère *s'attend à* me voir bientôt.
    Je *m'attends à ce que* nous arrivions très tard ce soir.

4. **il doit y avoir** qqch.   (*cela doit exister*)

    Il doit y avoir un train plus commode que celui de trois heures du matin.

5. **être censé** faire qqch.   (*être réputé, considéré comme*)

    Malheureusement, nous *sommes censés* partir à cette heure-là.

6. **en principe / en fait**

    En principe il y a des trains toutes les deux heures mais *en fait* on ne peut jamais en être sûr.

7. **s'imaginer** qqch., **que**   (*concevoir qqch., souvent à tort*)

    Certains *s'imaginent* un service parfait (*que* le service est parfait).

8. **prétendu**   (*que l'on dit être*) / **soi-disant**   (*qui se dit être*)

    Le *prétendu* modernisme des trains ne m'a jamais frappé.
    Le *soi-disant* "train éclair" est presque toujours en retard, par exemple.

notes

- Ne confondez pas **supposer** (2) et **assumer**, qui a le sens de "prendre, accepter, une fonction ou une responsabilité (VII.G.5).

- Bien noter les deux formes différentes en français pour la même idée "to expect" en anglais. On **attend** quelqu'un mais on **s'attend à** quelque chose ou **à ce que** quelque chose arrive (3).

- Il faut faire très attention aux temps des verbes dans les phrases avec **si** (1) et aux modes: le subjonctif avec **supposons que** (2), **à supposer que** (3), et **s'attendre à ce que** (3). Quelqu'un **suppose que** (2) est surtout suivi de verbes qui expriment une action non encore accomplie (futur proche ou futur) et qui peuvent donc être à l'indicatif. Par exemple, l'équivalent de "Supposons que vous partiez à l'heure" est "Je suppose que vous allez partir à l'heure."

- Ne pas confondre (être) **censé** (5) avec **supposé**, qui n'a qu'un usage très limité.

- On peut très bien commencer une phrase par **en fait** (6) sans avoir dit **en principe**. Dans ce cas il est entendu que l'idée précédente représente une théorie qui n'est pas confirmée dans la réalité.

- **Prétendre** (8) ne doit pas être confondu avec les sens de **faire semblant** (V.F.10). Distinguer aussi en bon français entre **prétendu** (*on le dit*) et **soi-disant** (*quelqu'un le dit de lui-même*) (Cf.III.D.8). **Soi-disant** est invariable.

LA PRÉPARATION DES ÉLECTIONS EUROPÉENNES

M. Willy Brandt : si nous ne nous unissons pas, nous échouerons

EXERCICES

I. Remplacer les mots en italique par l'expression entre parenthèses et faire les changements nécessaires dans la phrase.

modèle *Je suppose qu'*ils vont avoir des questions. (supposons que)
               Supposons qu'ils aient des questions.

1. *Supposons qu'*on ait assez d'argent pour le faire. (je suppose)

2. *A supposer qu'*il fasse la conférence, sera-t-il payé? (si)

3. *Si* tu venais me voir, tu pourrais faire la connaissance de mon amie Valentine. (à supposer que)

4. *On s'attend à ce qu'*elle parte bientôt. Alors, nous pourrons partir aussi. (si)

5. *Nous supposons que* vous aurez déjà vu ce film. (supposons que)

II. Transformer les phrases suivantes en employant les expressions données.

  A. *Si nous répétons bien nos rôles, la pièce sera un succès.*

1. à supposer que

2. supposons que

3. s'attendre à ce que

4. en principe

5. le metteur en scène suppose que

  B. *Si le circuit électrique fonctionne, la voiture marchera bien.*

1. s'attendre à ce que

2. en principe

3. le mécanicien suppose

4. supposons que

5. à supposer que

III. Faire des phrases avec les éléments suivants.

1. nous / censé / terminer / travail / aujourd'hui

2. les hommes / s'imaginer / femmes / coquettes

3. elle / ouvrir / galerie / avec / soi-disant / artistes (futur)

4. nous / s'attendre / ils / être / à l'heure

5. il / censé / travailler / affaires de l'Etat (imparfait)

IV. Compléter les phrases commencées.

1. Si elle n'a pas bien répété son rôle . . .

2. Si le circuit électrique avait fonctionné . . .

3. Si les étudiants ne travaillaient pas . . .

4. En principe, les notes reflètent la qualité du travail d'un étudiant . . .

5. A supposer que vous ayez l'occasion de voyager . . .

6. Supposons qu'il y ait déjà des habitants dans la lune . . .

7. En France, il doit y avoir . . .

V. Discuter les difficultés qu'il y a à concilier le travail et la famille, en employant les expressions suivantes: **censé, en connaissance de cause, en principe / en fait, s'imaginer que, s'attendre à, il doit y avoir.**

V · La connaissance

E. La vérité

RAPPEL 1. vrai / faux; **dire la vérité / faire une erreur / mentir, dire un mensonge**
2. **avoir raison / tort de** faire qqch.; **se tromper en** faisant qqch.

le médecin et la maladie

3. **se tromper dans** son travail, **en ce qui concerne** qqch.; **avoir tort en ce qui concerne, à propos de,** qqch.

> Le médecin *s'est trompé dans* son diagnostic (*en ce qui concerne* la maladie de mon ami): mon ami est très malade.
> Il *a eu tort* aussi *en ce qui concerne* (*à propos de*) le diagnostic.

4. **se tromper de** qqch. (*confondre le bon et le mauvais*) / être la **bonne / mauvaise** chose

> Il *s'est trompé* aussi *de* malade: il a opéré la *bonne* jambe mais la *mauvaise* personne.

5. qqch. est **exact, juste / inexact, faux, erroné**

> Même si ses renseignements étaient *exacts* (*justes*), son diagnostic était *inexact* (*faux, erroné*).

6. une histoire est **véridique / mensongère, trompeuse**

> Le récit du médecin après la mort du malade était *véridique* ou *mensonger* (*trompeur*), selon votre point de vue.

7. une remarque **sonne vrai, juste / faux** (*donne une impression de vérité / fausseté*

> A mon avis, ce qu'il a dit *sonne* très *faux* (ne *sonne* pas du tout *vrai*).

8. **à vrai dire . . .** (*restriction: en fait*)

> A *vrai dire,* je me demande maintenant pourquoi mon ami l'a choisi.

9. **c'est que . . .** (*explication: voici pourquoi*)
   le fait est que . . . (*rectification: voici la situation véritable*)

> Il a tué le patient. *C'est qu'*il a compris trop tard son erreur.
> Mais il prétend maintenant que tout le monde peut se tromper. *Le fait est que* tout le monde n'est pas médecin.

notes

- Bien remarquer diverses différences de syntaxe: se tromper **en faisant** (2); **dans, en ce qui concerne** (3); **de** (4); et bien noter comment le sens change à chaque fois. "Se tromper **en faisant** cela" signifie "avoir tort de le faire"; "se tromper **dans**" se réfère au processus mental; "se tromper **de**" signifie "prendre l'un pour l'autre".

- Noter que **le bon / le mauvais** (4) implique une question de choix, non pas de qualité ou de moralité (**un** bon . . . , **un** mauvais . . .).

- **Véridique / mensonger (trompeur)** (6) signifie "qui dit / ne dit pas la vérité ", en parlant d'histoires ou de témoignages. On dit de quelqu'un qu'il **dit la vérité** (est *honnête, franc, sincère*); Cf. *mentir* (être menteur / menteuse).

- **Vrai, juste** et **faux** dans "sonner vrai, juste ou faux" (7) fonctionnent comme des adverbes et sont donc invariables.

- Le t de **fait** se prononce dans "le fait est que" (9).

M. Gromyko s'élève contre « la campagne mensongère lancée contre la politique de Cuba et de l'U.R.S.S. »

Neuf idées fausses sur une crise obscure

EXERCICES

I. Donner des phrases à sens équivalent.

1. Elle *a choisi le mauvais* chemin.

2. Les calculs de la NASA étaient *justes*.

3. L'auteur *se trompe* en ce qui concerne le taux des naissances.

4. Pourquoi me *dis*-tu toujours *des mensonges?*

5. La citation dans le journal est *inexacte*.

II. Donner des phrases à sens contraire.

1. Son père *a raison* à propos de son choix d'université.

2. Les chroniques de voyageurs au moyen âge sont souvent *véridiques*.

3. Après tout, ce n'était pas *la bonne* route à suivre.

4. Ses impressions de l'Afrique du nord me semblent *justes*.

5. Quand il a dit qu'il m'aimait bien, ses paroles sonnaient *faux*.

III. Transformer la phrase en employant les expressions données.
  Mes idées sur la France étaient fausses.

1. erroné

2. se tromper

3. avoir tort

4. à vrai dire

5. le fait est que

IV. Compléter les phrases commencées, en utilisant une expression de cette section.

    1. Adèle lui a dit qu'elle avait la migraine, . . .

    2. L'étudiant m'a présenté une excuse qui . . .

    3. Il est entré chez moi par erreur; . . .

    4. Si je semble trop jaloux de toi, c'est . . .

    5. Tu crois toujours que les autres veulent profiter de toi, mais . . .

V. Raconter un mensonge que vous avez dit, en employant les mots et constructions suivants: **mentir, faux, le fait est que, se tromper, c'est que, avoir tort en ce qui concerne, trompeur.**

V · La connaissance

F. L'apparence

RAPPEL   1. **il semble que** + SUBJ
2. **avoir l'air** + ADJ, **d'être** ou **de** faire qqch.   *(paraître)*
3. **apparemment**   *(selon les apparences)*
4. **faire semblant de** faire qqch.; **tromper** qqn

un politicien menteur

5. qqch. **paraît, semble** + ADJ ou INFIN

   Le monde ne *paraît (semble)* pas compliqué (ne *semble*, ne *paraît*, pas poser de problèmes) quand on écoute Dupont.

6. **donner l'impression de** qqch., **d'être** ou **de** faire qqch., **que**

   Il veut *donner l'impression de* tout savoir (*d'être* celui qui sait tout, *qu'*il sait tout).

7. **à première vue**   *(l'apparence—souvent trompeuse)*

   A première vue il paraît intelligent mais ensuite on découvre le contraire.

8. être **déroutant, trompeur / juste, véritable**

   Ses discours sont *déroutants* et même franchement *trompeurs;* j'ai la nostalgie des remarques *justes* de son prédécesseur, qui était un *véritable* homme d'état.

9. **passer pour** qqch., + INFIN   *(avoir la réputation de, être considéré comme)*

   C'est dommage qu'il veuille *passer pour* (pour être) un homme remarquable.

10. **faire semblant de** faire qqch.

    Il *fait semblant de* connaître tout le monde à Washington mais en fait tout le monde le trouve ridicule là-bas.

11. **faire le** + NOM   *(imiter);* **se prendre pour**   *(se croire qqch. que l'on n'est pas)*

    Il *fait le* grand homme d'état depuis si longtemps que je crois même qu'il *se prend pour* un nouveau Lincoln.

notes

- **Paraître** (5) est situé entre **sembler** (5), qui est purement une question intellectuelle, et **apparaître**, qui a surtout un sens physique, visuel. "Il paraît que" est utilisé seulement dans la langue parlée, et signifie "j'ai entendu dire que".

- **Paraître** et **sembler** sont suivis directement par l'infinitif: quelque chose **paraît** ou **semble** faire quelque chose. "Sembler de" n'est pas français. Noter aussi que **paraître** et **sembler** comprennent déjà le sens de "être", par conséquent ils sont rarement suivis par **être**: quelque chose **paraît** ou **semble** facile, compliqué, etc.

- La chose ou le phénomène **donne** une certaine impression (6) en français. Une personne **a** une certaine impression.

- Un phénomène est **déroutant, trompeur,** etc. (8); une personne **fait semblant** (10), est **menteuse,** etc. (cf. V.E.6). **Trompeur** peut suggérer que c'est volontaire de la part de quelqu'un; **déroutant** ne comporte pas cette nuance supplémentaire.

- Distinguer entre **faire semblant** (10—*imiter, feindre*) et **prétendre** (II.B.2 – *déclarer, affirmer*).

- **Faire le ...** (11) indique, avec une nuance critique, que quelqu'un assume un rôle; **se prendre pour** (11) ajoute l'idée que la personne y croit.

La Thaïlande paraît favorable au maintien d'une présence chinoise au Cambodge et au nord du Laos

Tirana semble vouloir provoquer la rupture des relations diplomatiques avec Pékin

La situation du maréchal Amin semble s'aggraver

EXERCICES

I. Ecrire des phrases avec les éléments suivants.

  1. son ami / donner l'impression / riche

  2. Français / vouloir / passer pour / intellectuels

  3. Georgette / l'air / en vouloir / son petit ami

  4. Elaine / se prendre / grande dame

  5. les hommes / faire semblant / toujours / vous aimer

II. Transformer les phrases à l'aide des expressions données et en gardant à peu près le même sens.

  A. *La Californie paraît avoir un climat idéal.*

  1. sembler

  2. il semble que

  3. apparemment

  4. passer pour

  5. avoir l'air

  B. *Adèle semble ingénue, mais c'est une impression trompeuse.*

  1. à première vue

  2. donner l'impression

  3. faire semblant

  4. faire le

  5. se prendre pour

  6. tromper

C. *Ce journaliste semble connaître la France, mais à mon avis, ses articles sont déroutants.*

1. paraître

2. il semble que

3. avoir l'air

4. apparemment

5. donner l'impression

6. à première vue

7. faire semblant

8. passer pour

9. se prendre pour

10. trompeur

11. juste

III. Compléter la phrase en employant une expression de cette section.

1. Les premières impressions peuvent être . . .

2. Dans le fond, Marc est très sérieux, mais . . .

3. Les prétentions de ton oncle m'énervent; il veut toujours . . .

4. Quand on regarde la télévision, le monde . . .

5. On peut avoir confiance en lui; il donne toujours son opinion . . .

IV. Vous avez plus de 21 ans, mais vous voulez obtenir un tarif spécial pour les jeunes pour un voyage en Europe. Décrire vos procédés, en employant les mots et constructions suivants: **passer pour, tromper, faire semblant, donner l'impression, sembler, avoir l'air, véritable.**

V · La connaissance

G. L'évidence

RAPPEL 1. évidemment; il est évident que
2. bien entendu; bien sûr
3. montrer, prouver, qqch.

l'avocat et le coupable

4. **c'est évident; c'est sûr; c'est incontestable; manifestement**

> Cette femme n'a pas tué la victime, *c'est évident (sûr, incontestable)*.
> *Manifestement*, cette femme n'a pas tué la victime.

5. **cela saute aux yeux, que;** qqch. **saute aux yeux; cela se voit**

> *Cela saute aux yeux qu'*elle est innocente.
> Son innocence *saute aux yeux*.
> Elle est innocente, *cela se voit (cela saute aux yeux)*.

6. **il va sans dire, va de soi, que; cela va sans dire, va de soi**

> *Il va sans dire (va de soi) que* c'est son ex-mari le coupable.
> C'est son ex-mari le coupable, cela *va sans dire (va de soi)*.

7. **inutile de dire, d'ajouter, que**

> *Inutile de dire (d'ajouter) qu'*il était très jaloux.

8. qqch. **témoigne de** qqch., **du fait que**   (*illustre qqch., sert de preuve que qqch. existe*)

> Le fait qu'elle a cassé le bras de son mari *témoigne de* sa colère (*du fait qu'*elle était en colère) mais ne prouve pas qu'elle l'ait tué.

9. **en avoir la certitude, la preuve**
   la preuve en est que; la preuve, c'est que

> C'est l'ex-mari qui l'a tué, *j'en ai la certitude (la preuve)*.
> *La preuve en est (la preuve, c'est) que* le couteau du meurtre a été trouvé chez lui.

notes

• **La preuve, c'est que** (9) est plutôt du français parlé.

EXERCICES

I. Ecrire des phrases à sens équivalent.

1. *Cela saute aux yeux* qu'elle s'intéresse à toi.

2. Ces deux élèves ont triché; j'en ai *la preuve*.

3. C'est un couple bien assorti, *c'est sûr*.

4. *Il va sans dire que* vous pouvez rester aussi longtemps que vous le voudrez.

5. *Inutile d'ajouter* que ce fut un grand choc pour le pays entier.

6. *Bien entendu*, ils sont restés amis tout de même.

II. Faire des phrases avec les éléments suivants.

1. ses coups de téléphone / témoigner / intérêt

2. ses coups de téléphone / témoigner / s'intéresser

3. ta peur / mal fondée / preuve / nous voici

4. sauter aux yeux / système / ne pas marcher

5. va de soi / changements / difficile à accepter

III. Transformer la phrase en employant les expressions données.

C'est le meilleur ami que j'ai jamais eu.

1. il est évident

2. c'est évident

3. évidemment

4. incontestable

5. manifestement

6. sauter aux yeux

7. il va sans dire

8. cela se voit

9. cela va de soi

10. la certitude

IV. Transformer chacune de ces phrases à l'aide d'une expression de cette section.

1. Dans chaque relation, il y a des hauts et des bas.

2. Toute traduction est une trahison.

3. Elle a de l'estime pour toi.

4. Ce n'est pas la première fois qu'ils se voient.

5. On ne peut pas tout savoir.

V. Un terroriste a assassiné un homme à côté de vous dans la rue et s'est enfui. Expliquer à la police que vous n'avez rien à voir avec l'incident, en employant les mots et constructions suivants: **manifestement, cela saute aux yeux, témoigner, la preuve, évidemment, inutile d'ajouter.**

VI · Situation et devenir

A. Le moment

RAPPEL 1. **le moment, le jour, l'époque, où**
2. **la fois** *(le moment, l'occasion)*; **le temps** *(la durée)*
3. **il y a** + période de temps *(pour indiquer le temps qui a passé depuis)*

écrire à mes parents

4. **en même temps** *(parallèlement)* / **à la fois** *(simultanément)*

> J'aime bien écrire à mes parents et discuter *en même temps*, mais il est difficile de faire les deux *à la fois*.

5. **quand, lorsque** + FUT

> Je leur écrirai *quand (lorsque)* j'en aurai le temps.

6. **aussitôt que, dès que** + PASSE COMP—PASSE SURCOMP, ou FUT—FUT ANT
(une action précède l'autre)

> J'ai écrit à mes parents *aussitôt que (dès que)* j'ai eu terminé mon travail.
> J'écrirai à mes parents *aussitôt que (dès que)* j'aurai terminé mon travail.

notes

- **En même temps** (4) indique un parallélisme dans le temps, mais **à la fois** (4) spécifie une vraie simultanéité. Par conséquent **en même temps** est utilisé surtout pour mettre en parallèle deux verbes ou propositions; **à la fois** réunit surtout deux noms, adjectifs, adverbes, infinitifs.

- Bien noter que **quand** (5) prend le futur pour parler d'un moment qui n'est pas encore arrivé. **Quand** avec le présent a le sens de "chaque fois": "Je ne sors jamais quand il pleut."

- Avec **aussitôt que** et **dès que** (6) on indique le moment où une action est suivie tout de suite par une autre. Le plus souvent, la première est la condition nécessaire à la deuxième.

232

EXERCICES

I. Mettre les verbes au passé.

modèle Je leur *parlerai* aussitôt qu'ils *seront arrivés*.
Je leur *ai parlé* aussitôt qu'ils *ont été arrivés*.

1. Il *sera accepté* à Harvard dès qu'il *aura reçu* son diplôme.

2. Je lui *donnerai* le message aussitôt qu'il *sera rentré*.

3. Nous l'*inviterons* aussitôt qu'il *aura quitté* cette fille.

4. Nous *pourrons partir* aussitôt que nous *aurons rempli* le questionnaire.

II. Mettre les verbes au futur.

modèle Dès qu'il *a été entré,* nous lui *avons crié* "Bon voyage!"
Dès qu'il *sera entré,* nous lui *crierons* "Bon voyage!"

1. Aussitôt qu'il *a eu signé* son aveu, il *a pu* partir.

2. Elle l'*a acheté* aussitôt qu'elle l'*a eu vu*.

3. Dès que tu m'*as eu laissé* tranquille, j'*ai cessé* de me plaindre.

4. Je *suis partie* dès qu'on m'*a eu donné* la permission.

III. Mettre les verbes entre parenthèses au temps qui convient.

modèle Lorsque vous (terminer) l'examen, vous (pouvoir) partir.
Lorsque vous *aurez terminé* l'examen, vous *pourrez* partir.

Quand il (venir), il m'(apporter) toujours des fleurs.
Quand il *venait,* il m'*apportait* toujours des fleurs.

1. Elle ne me (laisser) _____ jamais parler quand il y (avoir) _____

_____ des invités.

2. Venez me rendre visite quand vous (être) _____ à Montréal.

3. Quand nous le (voir) _____, je te le (présenter) _____.

4. Ils pourront prendre une décision quand le président (retourner) _____.

5. Quand je vois tomber la pluie, je (penser) _____ à toi.

IV. Mettre dans le blanc la locution qui convient.

1. Que _____ passe vite!

2. _____ cinq ans, on n'avait pas entendu parler de lui.

3. C'est la dernière _____ que je l'invite.

4. _____ nous le verrons, nous t'appellerons.

5. _____ nous l'aurons vu, nous t'appellerons.

6. Il est difficile de parler et de courir _____.

7. Le goût en était _____ étrange et familier.

V. Remplacer **quand** par les expressions indiquées dans les phrases suivantes.

A. *Il était triste quand il écrivait ses poèmes.*

1. lorsque

2. au moment

3. le jour

4. à l'époque

B. *Quand j'ai vu les deux amants ensemble, j'ai pleuré.*

1. lorsque

2. moment

3. jour

4. la première fois

VI. Raconter votre première journée à l'école. Employer les expressions suivantes: **il y a, la fois, quand, dès que, en même temps, à la fois.**

VI · Situation et devenir

B. Avant et après

RAPPEL
  1. avant / après qqch.
       avant de faire qqch. / **après avoir fait** qqch.
       avant que + SUBJ / **après que** + INDIC
  2. être **en avance** / **à l'heure** / **en retard**
  3. **récemment** / **en ce moment** / **bientôt**
  4. **venir de** + INFIN   (*avoir fait très récemment*)

écrire à mes parents

  5. **être sur le point de** faire qqch. (*juste avant*) / **être en train de** faire qqch. (*au moment même*)

> J'*étais sur le point de* leur écrire quand j'ai perdu mon stylo.
> Ne me dérangez pas—je *suis en train d'*écrire à mes parents.

  6. Voir les tableaux suivants

LES MOMENTS

1. Par rapport au moment où on parle

	Avant	*Au moment où on parle*	*Après*	
	autrefois	de nos jours, actuellement, à présent	à l'avenir	
	la semaine dernière	cette semaine	la semaine prochaine	
avant-hier	hier	aujourd'hui	demain	après-demain
	tout à l'heure	en ce moment	(à) tout à l'heure, bientôt	
	→ jusqu'alors / depuis →	jusqu'ici, jusqu'à présent / désormais →	à partir de demain, de lundi prochain, etc.	

2. Par rapport à un moment passé ou futur

	Avant	Au moment dont on parle	Après	
	auparavant	à ce moment-là, alors	après, par la suite	
	la semaine précédente, la semaine d'avant	cette semaine-là	la semaine suivante, la semaine d'après	
l'avant-veille	la veille	le jour même, ce jour-là	le lendemain	le sur-lendemain

notes

- Noter dans le tableau *Des Moments:*

  Le sens français de **actuellement** (de nos jours, en ce moment). Cf. *en fait* (V.D.6);

  tout à l'heure a à la fois le sens de "il y a peu de temps" et "dans peu de temps";

  prochain désigne ce qui va venir (à partir du moment où on parle); **suivant** désigne ce qui est venu ou viendra, mais à partir d'un moment qui n'est *pas* celui où on parle;

  jusqu'alors veut dire "jusqu'à un certain moment dans le passé"; **depuis** indique une durée entre ce moment-là et maintenant;

  jusqu'ici et **jusqu'à présent** indiquent aussi cette durée mais en insistant sur le fait que ce temps "touche" le moment où on parle, et souvent avec l'idée que la situation va peut-être changer;

  désormais indique une durée à partir du moment où on parle;

  des termes comme **la veille** et **le lendemain** sont relatifs au jour dont on parle. Ce jour ne put *pas* être "aujourd'hui".

Le développement de l'énergie nucléaire provoquera deux mille morts par cancer aux Etats-Unis d'ici à l'an 2 000

Paris prend désormais en compte la puissance politique du Japon

EXERCICES

I.

AVRIL

lundi	mardi	merc.	jeudi	vend.	sam.	dim.
1	2	3	4	5	6	7
8	9	10	11	12	13	14
15	16	17	18	19	20	21
22	23	24	25	26	27	28

Si nous sommes le 15 avril,

A. *Par rapport à aujourd'hui,*

1. le 14 avril est:

2. le 16 avril:

3. le 13 avril:

4. le 17 avril:

5. du 15 au 21:

6. du 22 au 28

7. du 8 au 14 avril:

B. *Par rapport au 8 avril* (nous sommes encore le 15 avril):

1. le 7 avril serait:

2. le 6:

3. le 9:

4. le 10:

5. du 8 au 14 avril:

6. du 1 au 7:

7. du 15 au 21:

II. Changer les phrases suivantes deux fois, indiquant (1) un moment avant, et (2) un moment après le moment indiqué, et en faisant les changements nécessaires. Attention aux temps des verbes.

modèle Je suis *en train de* donner un coup de téléphone.
(1) Je suis *sur le point* de donner un coup de téléphone.
(2) Je *viens de* donner un coup de téléphone.

1. Ils sont *en train de* préparer leurs bagages.

2. Nous dînons *pendant* les informations à la télévision.

3. *Pendant qu*'elle prépare sa conférence, elle recopie ses notes.

4. *En ce moment*, j'ai beaucoup de travail.

5. Ils partent *aujourd'hui*.

6. *Demain*, il faudra travailler.

7. Je l'ai vu pour la première fois *hier*.

8. *De nos jours*, il n'y a pas suffisamment de pétrole.

9. Nous passons *cette semaine* près du Lac Léman.

10. *Jusqu'à présent*, je n'ai jamais douté de sa véracité.

III. Changer les phrases suivantes deux fois, indiquant (1) un moment après, et (2) un moment encore plus loin par rapport au moment donné. Attention aux temps des verbes.

modèle *L'avant-veille*, il avait paru guéri.
(1) *La veille*, il avait paru guéri.
(2) *Ce jour-là*, il paraissait guéri.

1. *Ce jour-là*, il était toujours à Paris.

2. *La veille*, nous avions changé notre argent.

3. *La semaine précédente*, les journaux avaient présagé une crise.

IV. Faire des phrases avec les éléments donnés et en complétant le sens. Attention aux temps des verbes.

1. autrefois / femmes / actuellement . . .

2. tout à l'heure / falloir / prendre une décision

3. depuis deux mois / il / se moquer / moi / à partir de demain

4. jusqu'ici / nous / garder le silence / désormais

5. auparavant / l'héroïne / mener une vie tranquille / par la suite

6. chaque fois / je / sur le point / hésiter

V. Vous êtes sur la Côte d'Azur, et vous écrivez une lettre à vos parents ou à vos amis dans laquelle vous racontez votre voyage jusqu'ici et vos projets pour sa continuation. Ne pas oublier de raconter votre rencontre inattendue avec une grande célébrité. Employer les locutions suivantes: **la veille, la semaine suivante, la semaine dernière, avant-hier, en ce moment, actuellement, jusqu'ici, la semaine prochaine, ce jour-là, le lendemain, par la suite.**

felix potin

en 1960, nous étions 1000 collaborateurs, nous sommes aujourd'hui 7000*

Avant les élections tout le monde aime les cadres, mais après?
Le Nouvel Economiste chaque vendredi.

Dès 1919, des Français commençaient
à faire carrière à IBM France.

Aujourd'hui IBM France c'est 19 000 Français.

240

VI · Situation et devenir

C. Fréquence et progression

RAPPEL
1. **toujours / souvent / quelquefois / rarement / ne . . . jamais**
2. **tous les** + nombre de fois (ou unité de temps)
3. **plus . . . plus . . . / moins . . . moins . . .**

aller voir quelqu'un

4. **constamment, sans cesse, à chaque occasion**

   J'allais souvent voir ma tante quand j'étais petite, mais elle me corrigeait *constamment (sans cesse, à chaque occasion)*. Je lui rends moins souvent visite maintenant.

5. **le plus souvent, d'habitude; avoir l'habitude de** qqch., **de** faire qqch.

   Le plus souvent (D'habitude) c'était pour de petites choses. Elle *avait l'habitude de* faire ces corrections (*de* corriger tout le monde).

6. **de temps en temps; de temps à autre**

   Je passe tout de même la voir *de temps en temps (de temps à autre)*. Après tout, c'est ma tante.

7. **tantôt . . . tantôt . . .** (*à tel moment, à tel autre*)

   Tantôt elle est gentille *tantôt* elle me traite encore comme une petite fille.

8. **progressivement; graduellement; peu à peu**

   C'est triste, mais je me suis éloignée d'elle *progressivement (graduellement, peu à peu)*.

9. **de plus en plus / de moins en moins**

   Je suis *de plus en plus* contente de l'éviter car j'aime *de moins en moins* la voir.

10. **avoir tendance à** faire qqch.

    Je reconnais que j'*ai tendance à* éviter ceux que je n'aime pas mais, après tout, ce n'est pas toujours très drôle! . . .

11. **au fur et à mesure que** (*progressivement et en corrélation, proportionnellement à un autre phénomène*)

    Au fur et à mesure que je grandissais, je trouvais ces corrections de plus en plus difficiles à supporter.

notes

- Noter que **toujours** (1) ne représente pas nécessairement une insistance. **Constamment,** etc., (4) indique presque toujours une insistance. L'expression "tout le temps" est du français parlé. Exemple: "Je ne peux pas étudier. Ma camarade de chambre écoute tout le temps des disques."

- **Au fur et à mesure** (1) indique une première progression en corrélation avec une autre. Cette corrélation est donc une nuance supplémentaire par rapport à *peu à peu, de plus en plus*, etc.

  Je dépense mon argent *au fur et à mesure que* je le gagne.
  Elle oublie les expressions *au fur et à mesure qu'*elle les apprend.

242

EXERCICES

I. Ecrire des phrases à sens équivalent.

1. *Peu à peu* je suis parvenue à maîtriser mes émotions.

2. *Le plus souvent,* ils se rencontraient dans des bars.

3. Sa fille me pose *constamment* des questions.

4. *De temps à autre,* je pense à cet été près de la mer.

5. *Au fur et à mesure qu'*on regarde ce tableau, on y voit plus de choses.

6. *A chaque occasion,* elle m'offre un verre de vin.

II. Faire des phrases avec les éléments donnés et en complétant le sens.

1. il / se laver / tête / tous les . . .

2. femmes / ne pas avoir l'habitude . . .

3. hommes politiques / tendance . . .

4. tantôt / mes parents / sévères . . .

5. les jeunes aux Etats-Unis / moins en moins . . .

III. Compléter la phrase en vous servant d'une expression de cette section.

1. On ne peut pas se séparer tout d'un coup;

2. J'ai horreur des enfants: . . .

3. Tantôt Frank me taquine, . . .

4. Hélène part souvent en vacances, mais son amie Claire . . .

5. Plus on a peur de la solitude . . .

IV. Répondre aux questions, en employant une des expressions de cette section.

1. Allez-vous souvent au cinéma?

2. Aimez-vous les concerts?

3. Vous disputez-vous souvent avec vos frères et soeurs?

4. Voyez-vous encore vos anciens amis?

5. Ecrivez-vous souvent des lettres?

6. Croyez-vous que vous avez beaucoup appris depuis le commencement de vos études ici?

V. Décrire les dîners dans votre famille quand vous étiez petit(e). Employer les expressions suivantes: **sans cesse, le plus souvent, avoir l'habitude de, de temps en temps, peu à peu, avoir tendance à.**

La chute accélérée du dollar complique la mise en place d'un système monétaire européen

Rome et Londres sont de plus en plus réservés et les banquiers allemands inquiets

VI · Situation et devenir

D. La durée

RAPPEL

1. **pendant** + période de temps *(au passé ou au futur)*
   pour + période de temps *(au futur, ou une durée envisagée)*
2. verbe au PRES + **depuis** + période de temps *(une durée qui continue dans le présent)*
3. verbe au PRES + **depuis** + un moment *(une durée qui continue dans le présent)*
4. verbe au PASSE COMP et au NEG + **depuis** + période de temps *(l'action n'est pas arrivée depuis un certain temps)*
5. **depuis que** + verbe au PRES   } *les effets d'une situation commencée*
   depuis que + verbe au PASSE COMP } *dans le passé continuent dans le présent*
6. **ne . . . pas encore / déjà; encore / ne . . . plus**
7. **jusqu'à** + moment / **ne . . . pas avant** + moment / **à partir de** + moment
8. **en** + laps de temps *(la durée)* / **dans** + laps de temps *(au futur)*

habiter Paris et habiter New York

9. **jusqu'à ce que** + SUBJ / **au bout de** + laps de temps

   Je dois rester à New York *jusqu'à ce que* je finisse mon travail ici. Je pense que je pourrai partir *au bout de* quelques mois.

10. FUT + **tant que** + FUT

    Je resterai à New York *tant que* j'aurai ce travail à finir.

11. **avoir le temps de** faire qqch., **assez de temps pour** faire qqch.
    passer du temps à faire qqch.
    perdre, gaspiller, son temps à faire qqch.

    J'ai le temps de (assez de temps pour) finir mon travail ici, mais je *passe mon temps à* rêver de Paris. Je *gaspille (perds)* vraiment *mon temps* à New York.

12. **voilà, il y a,** + laps de temps **que** + verbe au PRES *(une durée qui continue dans le présent)*

    Voilà (Il y a) six mois *que* je suis à New York.

13. verbe à l'IMPARF + **depuis** + période de temps } *une durée dans*
    verbe à l'IMPARF + **depuis** + un moment } *le passé*

   J'étais à Paris *depuis* huit ans (*depuis* 1960) quand j'ai dû partir pour New York.

14. verbe au PLUS-QUE-PARF et au NEG + **depuis** + période de temps (*l'action n'était pas arrivée depuis un certain temps*)

   Je n'avais pas revu New York *depuis* plusieurs années quand j'y suis retourné.

15. **depuis que** + verbe à l'IMPARF } *les effets dans le passé*
    depuis que + verbe au PLUS-QUE-PARF } *d'une situation ultérieure*

   J'étais content *depuis que* j'étais à Paris.
   J'étais content *depuis que* j'avais pu aller à Paris.

16. **il y avait** + laps de temps + **que** + verbe à l'IMPARF + **quand** (*qqch. est arrivé dans une situation qui durait dans le passé*)

   Il y avait huit ans *que* j'étais à Paris *quand* j'ai dû partir pour New York.

notes

- Noter que quand **jusqu'à** (7) est suivi d'une proposition, on emploie **jusqu'à ce que** (9) et le subjonctif.

- **Tant que** (10) indique deux durées qui se termineront au même moment parce que l'une dépend de l'autre.

- Bien noter qu'on a le temps **de** faire quelque chose (11) mais **assez** de temps **pour** le faire (11).

- On passe du temps à faire quelque chose en français (11). Ne dites ni "dépenser" ni "en faisant . . .".

- Quand on **perd** son temps (11) c'est souvent la faute de quelqu'un d'autre; mais quand on le **gaspille** (11) c'est le plus souvent de sa propre faute.

- Bien noter comment le sens change quand on emploie l'imparfait avec **depuis** (13) plutôt que le présent (2, 3). Même remarque pour **depuis que** (5 / 15) et **il y a . . . que** (12) et **il y avait . . . que** (16).

Le nombre des demandeurs d'emploi a augmenté de 220 000 en un an

Reprise de la production industrielle depuis trois mois

EXERCICES

I. Remplacer **voilà . . . que** par (1) **il y a . . . que** et (2) **depuis,** selon le modèle.

    modèle   *Voilà* six ans *que* je rêve d'être mannequin.
          (1) *Il y a* six ans *que* je rêve d'être mannequin.
          (2) Je rêve d'être mannequin *depuis* six ans.

  1. Voilà une semaine que je suis revenu de Québec.

  2. Voilà trois mois qu'elle n'a pas vu son mari.

  3. Voilà cinq ans qu'il prépare son doctorat.

  4. Voilà deux heures que je l'attends.

II. Dans ces mêmes phrases remplacer **voilà que** par (1) **il y avait que . . . quand** et (2) **depuis que . . . quand** et terminer l'idée.

    modèle   *Voilà* six ans *que* je rêve d'être mannequin.
          (1) *Il y avait* six ans que je rêvais d'être mannequin *quand* on m'a offert une place chez Dior.
          (2) Je rêvais d'être mannequin *depuis* six ans *quand* on m'a offert une place chez Dior.

  1.

  2.

  3.

  4.

III. Remplir les blancs avec l'expression qui convient.

  1. Je travaille _____ une heure déjà.

  2. Je travaille _____ 8h15.

  3. _____ une heure que je travaille.

  4. Je n'ai pas travaillé _____ jeudi dernier.

  5. _____ une heure _____ je travaillais quand la pendule a sonné.

6. Je travaillais _____ un an quand j'ai perdu mon poste.

7. Je travaillais _____ Octobre, 1975 quand j'ai perdu mon poste.

8. _____ un an que je travaillais quand j'ai perdu mon poste.

9. Je n'avais pas travaillé _____ deux mois quand j'ai obtenu ce poste-ci.

10. J'ai travaillé _____ un semestre.

11. Je vais travailler _____ un semestre encore.

12. J'ai fini mon projet _____ trois heures.

13. _____ une heure je vais recommencer.

14. Je travaillerai _____ tu viennes me chercher.

15. Je vais travailler _____ ce soir.

16. Je travaillerai _____ tu seras occupé.

17. _____ quelques heures de travail, je pourrai m'arrêter.

18. Je ne vais pas recommencer _____ demain matin.

19. _____ après-demain, je n'aurais plus de travail.

20. Je n'ai pas _____ travaillé pour ces patrons-là.

21. J'ai _____ travaillé ici plusieurs fois.

22. Je ne vais _____ travailler ici.

IV. Transformer la phrase suivante en employant la locution donnée. Si nécessaire, changer le temps du verbe, ajouter une indication de temps, ou compléter par une autre proposition.

Je fais mes exercices.

1. avoir le temps

2. assez de temps

3. passer du temps

4. perdre son temps

5. gaspiller

6. ne . . . pas encore

7. déjà

8. ne . . . plus

9. en

10. dans

11. jusqu'à

12. ne pas avant

13. jusqu'à ce que

14. tant que

15. depuis + PRES

16. voilà

17. il y a

18. il y a + IMPARF

19. depuis + IMPARF

20. depuis + PLUS-QUE-PARF

V. Décrire vos études depuis votre arrivée à l'université jusqu'à vos projets d'avenir. Employer **depuis** avec au moins trois temps différents, **jusqu'à ce que, au bout de,** et **tant que.**

Le cidre. Tant qu'il y aura des hommes.

VI · Situation et devenir

E. Le possible et le probable

RAPPEL 1. **peut-être; peut-être** + inversion du sujet et du verbe (*c'est possible*)
2. **sans doute; sans doute** + inversion du sujet et du verbe (*c'est probable*)
3. **si** + PRES / FUT; IMPARF / COND; PLUS-QUE-PARF / COND DU PASSE

une maladie grave

4. **il se peut que** + SUBJ; **c'est possible**

   Il *se peut que* le patient meure.
   Va-t-il guérir?—*C'est possible.*

5. **dépendre de** qqch.; **selon** qqch.; **cela dépend**

   Sa santé *dépendra des* efforts du médecin.
   Selon les résultats de l'opération il guérira ou non.
   Va-t-il guérir?—*Cela dépend.*

6. **risquer de** (*être possible*)

   Si c'est très grave, cela *risque de* prendre beaucoup de temps.

7. **au cas où** + COND (*si jamais*)

   Au cas où ce serait très compliqué, le médecin demandera à son collègue de l'aider.

8. **éventuel; éventuellement** (*possible; selon les circonstances*)

   Des complications *éventuelles* pourraient être très dangereuses.
   Est-ce que le médecin aura besoin d'aide?—*Eventuellement.*

9. **que** + SUBJ . . . **ou** . . . ; **peu importe, quel que soit,** + NOM (*les conditions, la situation, n'ont pas d'importance*)

   Que la maladie soit grave *ou* non, il est au meilleur hôpital.
   Peu importe le prix: il faut qu'il guérisse.
   Quelle que soit la maladie, je suis sûr qu'il est entre de bonnes mains.

10. **à condition de** faire qqch. / **à moins de** faire qqch.
    à condition que, pourvu que, + SUBJ / **à moins que** + SUBJ

A condition de le dire (*A condition, Pourvu, qu'*on le dise) au médecin tout de suite, on peut être soigné plus efficacement.

A moins de négliger (*A moins que* l'on néglige) les soins nécessaires, le patient devrait guérir.

notes

- **Peut-être** s'accompagne du présent (1), **il se peut que** (4) du subjonctif.

- **Dépendre de** (5) exprime surtout un rapport entre deux conditions: "Sa santé dépend des efforts du médecin." (Avec un sujet de personne il s'agit d'un rapport d'autorité: "X dépend de Y" signifie que Y donne des ordres à X.) Cf. *compter sur* quelqu'un (VII.G.8), qui exprime la confiance qu'a une personne en une autre: le malade compte sur le médecin.

- **Risquer de** (6) indique une possibilité dangereuse ou défavorable: "Ne sors pas sans manteau—tu risques de prendre froid."

- **Eventuel** (8) veut dire en français "possible, dans le cas de cet événement". **Eventuellement** (8) signifie donc "si cela arrive; peut-être", non pas "à la longue, tôt ou tard".

- Noter qu'il faut accorder **quel que soit** (9) en genre et en nombre: "Quelles que soient ces idées . . .".

- Noter les différences syntaxiques entre **à condition de . . .** et **que . . .** (10). Celui-ci et **pourvu que** sont suivis du subjonctif. Même remarque pour **à moins de** / **à moins que** (10).

De nombreux périodiques scientifiques français risquent de disparaître

« Pourvu que nous ayons la paix... »

Le renouveau est possible à condition d'échapper aux ghettos culturel et commercial

EXERCICES

I. Ecrire des phrases équivalentes.

1. *A condition que* nous nous aidions, tout pourra s'arranger.

2. *Selon* vos efforts, le résultat sera bon ou mauvais.

3. *Peu importent* les conditions, nous acceptons le défi.

4. *Il est possible* que ce soit un bon signe.

5. *Si jamais* il est battu, il gardera tout de même l'estime du public.

II. Faire des phrases avec les éléments donnés.

1. au cas / tu / avoir besoin / moi / ne pas hésiter / m'appeler

2. son attitude / risquer / créer / difficultés

3. Victor / accepter / venir / condition / avoir / chambre seule

4. tout / dépendre / vous

5. que / vous / croire / non / je / avoir / estime / vous

III. Finir les phrases commencées.

1. Si vous m'aviez écouté . . .

2. Valéry est rentré ivre hier soir. Sans doute . . .

3. Je ne reviendrai plus, à moins que . . .

4. Nous avons prévu des groupes de quinze étudiants, mais des augmentations éventuelles . . .

5. Je ne sais pas si nous aurons le temps d'attraper l'assassin. Il se peut que . . .

IV. Répondre aux questions en employant une expression de cette section.

1. Accepteriez-vous de poser nu?

2. Pensez-vous qu'il soit possible d'aimer deux personnes à la fois?

3. Eventuellement, pourriez-vous vous imaginer comme politicien?

4. Croyez-vous que les Etats-Unis auront trouvé assez de sources d'énergie avant la fin du siècle?

5. Pourrait-on interdire tout à fait les cigarettes?

6. Croyez-vous qu'il y aura une troisième guerre mondiale?

V. Discuter la question de la disparition éventuelle de la famille traditionelle. Employer les expressions suivantes: **il se peut que, si, risquer de, à moins que, pourvu que, quel que soit, au cas où.**

Quelle que soit votre destination aux USA, une seule compagnie s'impose : TWA.

VI · Situation et devenir

F. Le devenir

RAPPEL
    1. **devenir** + ADJ ou NOM
    2. **changer / durer; rester**
    3. **s'améliorer** *(devenir meilleur)* / **empirer** *(devenir plus mauvais)*
    4. **rendre** qqn ou qqch. + ADJ / **faire de** qqn ou qqch., autre chose

où va le monde moderne

5. **évoluer; se développer, se transformer; progresser**

> Certains sont contents que le monde *évolue* et *se développe* (*se transforme*), mais je ne suis pas sûr qu'il *progresse*.

6. **augmenter, grandir, croître / diminuer, baisser**

> Les richesses matérielles *augmentent* (*grandissent, croissent*) mais en même temps la pauvreté ne *diminue* (*baisse*) pas.

7. **améliorer** qqch. / **aggraver; gâcher, détruire,** qqch.

> Quelquefois quand chacun *améliore* son sort individuellement cela *aggrave* la situation collective et *gâche* (*détruit*) le rêve de beaucoup de gens.

8. **faire des progrès dans** qqch., **en ce qui concerne** qqch.

> Je ne crois pas que l'humanité ait *fait des progrès dans* le domaine de (*en ce qui concerne*) la qualité de la vie.

9. **aller de mieux en mieux / de mal en pis** *(s'améliorer / empirer)*

> Les optimistes estiment que les choses *vont de mieux en mieux*, mais moi j'estime qu'elles *iront* bientôt *de mal en pis*.

10. **faire un changement; transformer** qqch. **en** qqch. d'autre

> J'ai l'impression que tout le monde veut *effectuer des changements* et *transformer* le monde *en* un paradis technologique.

11. **aboutir à** qqch., **à faire** qqch. *(avoir pour résultat)*
    finir par qqch. *(la fin est accompagnée par)*; **finir par** faire qqch. *(arriver à un résultat)*
    en venir, en arriver, à qqch., **à faire** qqch. *(arriver au point extrême)*

Tout cela *aboutira* plutôt *à* (*finira* plutôt *par*) un enfer moderne (*aboutira à, finira par,* créer un enfer moderne).

Nous *en viendrons* (*arriverons*) *à* la nostalgie du passé (*à* regretter le passé).

notes

- **Progresser** (5) a aussi bien le sens de "faire des progrès" que "se déveloper".

- Noter les nuances de sens entre les tournures de (11):

aboutir à: conduire à un résultat.

Cela *a abouti à* une situation surprenante.

finir par: arriver à un résultat après une série de faits; au futur, avec un sens émotif et même de menace.

Vous *finirez par* regretter ce que vous m'avez dit.

en venir, en arriver, à: arriver à un résultat après une évolution et souvent malgré soi.

J'*en suis venu* (*arrivé*) *à* changer complètement d'avis.

Syndicats et patronat se donnent un mois pour tenter d'aboutir à un accord sur l'indemnisation du chômage

La Chine va devenir un très gros importateur d'acier japonais

EXERCICES

I. Ecrire des phrases à sens équivalent.

    1. Les problèmes économiques ont *augmenté* au lieu de *diminuer* cette année.

    2. Le mauvais temps a *gâché* nos vacances.

    3. *J'en viens à* me demander si je n'aurais pas mieux fait de rester chez moi.

    4. Elle a beaucoup *changé;* je ne la reconnais plus.

    5. Les idées des gens *évoluent* lentement.

    6. Ses expériences l'ont *rendu* fataliste.

II. Ecrire des phrases à sens contraire.

    1. Après cinq mois, ses impressions *restent les mêmes.*

    2. Depuis qu'ils se sont mariés, tout va *de mieux en mieux.*

    3. La valeur du dollar a *crû* depuis que nous sommes arrivés.

    4. Les nouvelles mesures *aggraveront* la condition des ouvriers.

    5. La situation au Moyen-Orient *empire* depuis quelques mois.

III. Faire des phrases avec les éléments suivants, au passé composé.

    1. la maladie / se développer / peu à peu

    2. prisonniers / finir / avouer leur culpabilité

    3. ses efforts / aboutir / effectuer / changement / système des notes

    4. Violette / en venir / perdre / poste

    5. couturier / transformer / femmes / porte-manteaux

IV. Répondre aux questions en employant les expressions de cette section.

1. Quel est l'effet de la télévision sur les enfants?

2. Les étudiants de cette génération, comment diffèrent-ils de la précédente?

3. A quoi aboutiront les recherches sur la vie extraterrestre?

4. Quels changements faudra-t-il faire dans notre système médical?

5. Croyez-vous que le taux des crimes violents augmente? Que peut-on faire pour changer la situation?

6. Les Etats-Unis, deviendront-ils un pays socialiste?

V. Discuter les problèmes créés par l'urbanisation. Employer les mots et constructions suivants: **progresser, grandir, baisser, de mal en pis, finir par, s'améliorer.**

VI · Situation et devenir

G. L'événement

RAPPEL 1. qqch. **arrive** / **il se passe** qqch. / un événement (réunion, fête, etc.) **a lieu**
2. **par hasard** (*d'une manière accidentelle*)
3. **la** (bonne) **chance; avoir la chance de** faire qqch.; **avoir de la chance que** + SUBJ
4. **avoir l'occasion de** faire qqch.

le journaliste et le scandale politique

5. **un événement; l'actualité** (*ce qui se passe en ce moment*)

Le journaliste a fait son article sur *un événement* qui va peut-être dominer *l'actualité* politique pendant des mois.

6. **arriver au bon moment, à point nommé** (*quand il faut*) / **arriver trop tard**

Il a eu de la chance d'*arriver au bon moment* (*à point nommé*) pour faire l'article; tous les autres sont *arrivés trop tard*.

7. qqch. **se produit** (*arrive dans une succession*)
qqch. ou qqn **survient** (*arrive à l'improviste*)
qqn ou qqch. **surgit** (*apparaît brusquement*)

A la suite de l'article des choses curieuses *se sont produites:* des amis du sénateur *survenaient* quand il prenait son déjeuner, des offres de travail loin de Washington *surgissaient*, etc.

8. **être inévitable; ce sont des choses qui arrivent**

Les observateurs désabusés estiment que les scandales sont *inévitables,* que *ce sont des choses qui arrivent.*

9. **advienne que pourra** (*quoi qu'il arrive*)

Le journaliste est décidé à résister à toutes les pressions, *advienne que pourra.*

- **L'actualité** (5) indique ce qui se passe dans le monde en ce moment: l'actualité politique, économique, etc. Noter aussi l'orthographe d'**événement**.

- Noter les nuances entre **se produire, se survenir** et **surgir** (7). Noter aussi que **survenir** est conjugué avec **être**.

- **Ce sont des choses qui arrivent** (8) exprime une résignation plutôt désabusée; **advienne que pourra** (9) indique un esprit résolu et optimiste.

Un entretien avec M. Rudolf Bahro

Ce qui se passe dans les démocraties populaires peut avoir un effet sur l'Union soviétique

EXERCICES

I. Ecrire des phrases à sens équivalent.

1. Qu'est-ce qui *est arrivé?*

2. Tu es arrivé *à point nommé* pour m'aider.

3. Le médecin *n'*est *pas* arrivé *à temps* pour la sauver.

4. La compagnie aérienne a perdu ma valise. *C'était inévitable.*

II. Completer avec des expressions de cette section.

Enfin j'étais invité à l'appartement de René, qu'il partageait avec sa soeur. Je n'avais jamais

eu _____ de la voir auparavant; et malheureusement, je ne suis

pas arrivé _____. Il faut dire que je n'avais pas _____

_____ de la voir de bonne humeur. Elle jetait ses affaires au hasard dans sa chambre

en criant qu' _____ des choses affreuses. Soudain, son frère

_____, et une scène effroyable _____

entre les deux. Je suis parti à petits pas, en me disant qu'après tout, _____ _____.

Si vous vous trouvez dans une situation pareille, faites comme moi. _____,

je ne me mêlerai jamais de disputes de famille.

III. Employer les expressions dans le contexte de la phrase donnée.

A. *L'inspecteur ne comprenait pas ce qui était arrivé.*

1. se passer

2. avoir lieu

3. se produire

4. arriver trop tard

5. ne pas avoir la chance

B. *Un voleur est entré soudain, mais l'agent l'a attrapé.*

1. au bon moment

2. à point nommé

3. survenir

4. surgir

5. avoir la chance

6. par hasard

IV. Faire une phrase avec les éléments donnés et en complétant le sens.

1. changement / se produire / quand

2. événement / le plus important

3. conflit / inévitable / parmi (entre)

4. nécessaire / comprendre / actualité

5. le héros / bon moment

V. Situation: quand on part en vacances sans projets. Employer: **avoir l'occasion, survenir, la chance, par hasard, au bon moment, advienne que pourra.**

VI · Situation et devenir

H. Le mouvement

RAPPEL 1. **bouger, remuer** une partie du corps / **être, rester, immobile**
2. **rapide / rapidement; vite**
3. **revenir** (→ *ici*) / **retourner** (→ *là-bas*) / **rentrer** (→ *chez soi*)

un OVNI—Objet Volant Non-Identifié

4. **remuer, bouger, déplacer,** qqch.

   J'avais l'impression que des mains invisibles *remuaient (bougeaient, déplaçaient)* cet objet bizarre.

5. **se déplacer; (s')approcher / (s')éloigner de** qqn ou qqch.

   Il *se déplaçait* constamment. J'essayais de *m'éloigner* mais l'objet continuait de *s'approcher de* moi.

6. **(s')avancer / (s')écarter; reculer**

   Chaque fois que je *m'écartais* ou *reculais,* l'objet *s'avançait.*

7. **aller et venir; le va-et-vient**

   Après, il *allait et venait,* et ce *va-et-vient* me rendait fou!

8. **accélérer / ralentir**

   Quand il *accélérait* je n'osais pas *ralentir.*

9. **se dépêcher de** faire qqch. / **prendre son temps pour** faire qqch.

   Je voulais *me dépêcher de* rentrer mais l'OVNI allait si vite qu'on aurait dit que je *prenais mon temps pour* partir. Quel cauchemar!

10. **déménager / emménager; aménager** qqch.

   Comme tous les cauchemars, il s'est terminé quand je me suis réveillé, mais j'en ai gardé un si mauvais souvenir que j'ai *déménagé.* Je dois *emménager* dans mon nouvel appartement la semaine prochaine, et l'*aménager* pendant les deux semaines à venir.

notes

• Noter que **bouger** (1,4) et **reculer** (6) peuvent être intransitifs ou transitifs.

• Noter aussi que plusieurs des verbes peuvent être transitifs ou réfléchis. C'est le cas de **(se) déplacer** (4,5); **(s')approcher** (5); **(s')éloigner** (5); **(s')avancer** (6); **(s')écarter** (6). Noter enfin qu'on **s'approche** (5) de quelqu'un ou de quelque chose, mais qu'on **approche** une chose d'une autre. Exemple: "Je me suis approchée de la fenêtre" mais "J'ai approché mon fauteuil de la fenêtre." "Approcher quelqu'un" a surtout le sens de "aller parler à quelqu'un".

BEAUTÉ
Chassez le naturel la sophistication revient au galop

J'ai 30 ans. A la naissance du second, il faudra bien déménager. L'épargne Sobi nous oblige à économiser à 9%

Notre dossier-épargne, envoyé sur simple demande, explique comment faire fructifier votre argent, de 8,25 % à 11,60 %. (Taux actuariel annuel brut).

Depuis 20 ans, la sécurité d'une banque.

Société de Banque et d'Investissements, inscrite sur la liste des banques sous le n° LBM7, filiale du groupe Paluel-Marmont et de la Landesbank Rheinland-Pfalz. 26, bd d'Italie. BP 31 813. T Monte-Carlo - Principauté de Monaco.

EXERCICES

I. Insérer les mots entre parenthèses comme complément d'objet direct du verbe en italique, suivant le modèle.

modèle Il *s'est approché* de la table.   (sa chaise)
Il a approché *sa chaise* de la table.

1. Laure *se déplaçait* autour de sa chambre. (les meubles)

2. Le champion d'échecs *s'avance* lentement. (sa reine)

3. Je ne comprends pas pourquoi ils *se sont écartés*. (les enfants)

4. Sa main n'*avait* pas *bougé*. (le rideau)

5. Quand il a vu mon embarras, il *s'est éloigné*.   (son regard)

6. Quand le taxi s'est arrêté, Fred *a reculé*. (sa voiture)

II. Substituer une expression à sens contraire aux mots en italique.

1. L'enfant malade *est resté immobile* toute la nuit.

2. Il *a pris son temps* pour descendre ma valise.

3. Il faut *accélérer* les expériences sur la génétique.

4. Nous avons *avancé* nos chaises pour mieux entendre.

5. Au cours de la soirée, il *s'approchait* d'elle peu à peu.

III. Compléter les phrases en employant des expressions de cette section.

1. Cette lumière est trop forte; pourriez-vous . . .

2. Elle est très nerveuse. Toutes les cinq minutes . . .

3. Le train va partir: il faut . . .

4. Si tu veux mieux voir, il faudra . . .

5. Pour bien goûter un verre de vin il faut . . .

IV. Vous êtes dans une station de métro. Raconter ce que vous y voyez, en employant les expressions indiquées.

1. le va-et-vient

2. se déplacer

3. rentrer

4. s'approcher

5. ralentir

6. s'éloigner

7. accélérer

8. se dépêcher

V. Après beaucoup d'efforts, vous avez trouvé un nouvel appartement. Décrire votre déménagement, etc., en vous servant des expressions suivantes: **se déplacer, bouger** qqch., **déménager, aller et venir, se dépêcher de, prendre son temps, aménager, emménager.**

VII · L'activité

A. Volonté et but

RAPPEL 1. **vouloir** faire qqch., **que** + SUBJ; **espérer** faire qqch., **que** + INDIC
2. **pour** faire qqch.; **pour que** + SUBJ

mes études

3. **avoir l'intention de, projeter de, envisager de,** faire qqch.

> *J'ai l'intention* (je *projette,* j'*envisage*) *de* quitter l'université l'année prochaine.

4. **hésiter à** faire qqch.; **craindre de, appréhender de,** faire qqch.

> Mais j'*hésite à* (*crains, appréhende d'*) affronter le monde des affaires.

5. **être décidé, résolu, à** faire qqch.; **viser** qqch.   (*avoir pour but ou ambition*)

> Je *suis décidé* (*résolu*) *à* quitter cet endroit ennuyeux.
> Je *vise* une vie moins ennuyeuse.

6. faire qqch. **dans l'espoir de** + INFIN, **que** + FUT / **de peur, de crainte, de** + INFIN, **que . . . ne** + SUBJ

> J'ai flatté mes parents *dans l'espoir de* leur plaire (*de peur, de crainte, de* leur déplaire).
> Je leur ai dit que je voulais être missionnaire *dans l'espoir qu'*ils accepteraient ma décision (*de peur, de crainte, qu'*ils ne désapprouvent [SUBJ] ma décision).

7. faire qqch. **afin de, en vue de** + INFIN; **afin que** + SUBJ

> Ils ont payé mes études *afin de* (*en vue de*) me voir diplômé.
> Ils n'ont pas payé mes études *afin que* je m'arrête [SUBJ] avant la fin.

8. faire qqch. **de** ou **en sorte que** + SUBJ   (*dans le but suivant*)
faire qqch. **de** ou **en sorte que** + INDIC   (*avec le résultat suivant*)

> J'ai choisi mes cours *de sorte que* je sois prêt pour la vie active.
> J'ai choisi aussi mes cours *de sorte que* je n'avais pas besoin de me lever avant dix heures.

9. faire qqch. **jusqu'à ce que** + SUBJ   (*marque la persévérance ou la résolution*)

Je travaillerai *jusqu'à ce que* je sois riche.

10. **faire exprès de** + INFIN; faire qqch. **exprès**   (*volontairement, intentionnelle-ment*)

Mais j'ai *fait exprès d*'attendre l'année prochaine.
Mais j'attends l'année prochaine *exprès*.

11. faire qqch. **sous prétexte de** + INFIN, **que**

Je quitterai l'université *sous prétexte de* gagner ma vie (*sous prétexte que* je veux gagner ma vie), mais en fait c'est pour fuir l'université, qui m'ennuie.

notes

- Se rappeler les particularités de l'ortho-graphe du verbe **projeter** (3): je projette, il projette, nous projetons, ils ont projeté, tu projetteras.

- **Dans l'espoir que** (6) est suivi du futur; **de peur que** et **de crainte que** (6) du subjonctif. Ces deux derniers prennent aussi un **ne** qu'on appelle "explétif": "Je suis parti très tôt de peur (de crainte) que la réunion **ne** commence sans moi".

- **De sorte que** ou **en sorte que** (8) suivis de l'indicatif mettent l'accent sur la con-séquence, le résultat déjà obtenu. Suivis du subjonctif il s'agit plutôt du but à atteindre, dont le résultat n'est pas nécessairement assuré ou acquis. En d'autres termes, quand **de (en) sorte que** a le sens de **pour que** (2), **afin que** (7), il est suivi comme eux du subjonctif.

- **Jusqu'à ce que** (9) indique un but non encore réalisé et prend donc le subjonctif. Le verbe qui précède est très souvent au futur ou au futur proche: "Je vais danser (danserai) *jusqu'à ce que* je sois trop fatigué pour continuer." Il peut aussi être à l'im-pératif: "Reste là jusqu'à ce que je revienne."

- **Sous prétexte de** ou **que** (11) indique la raison citée par celui qui agit, et comporte une nuance de doute chez celui qui parle.

Jérusalem envisage avec optimisme la collaboration économique avec Le Caire

EXERCICES

I. Ecrire une phrase à sens équivalent.

1. Je vais voir les films de Fellini *pour* mieux comprendre certains aspects de la vie en Italie.

2. Le fils a menti *de crainte que* son père ne le batte.

3. *J'ai l'intention de* passer les vacances dans le Midi.

4. L'anthropologue *est décidée à* faire le voyage.

5. Il fait tout son possible *pour que* sa famille puisse venir le rejoindre.

6. Elle *craignait de* vous offenser en vous posant cette question.

II. Transformer les phrases suivantes à l'aide des constructions données.

A. *Le professeur a l'intention de continuer ses recherches.*

1. vouloir

2. projeter

3. envisager

4. résolu

5. décidée

6. espérer

7. viser

B. *Les femmes travaillent pour se libérer.*

1. afin de

2. en vue de

3. dans l'espoir

4. jusqu'à ce que

5. de sorte que + SUBJ

6. de sorte que + INDIC

C. *Nous avons arrêté de nous disputer, de peur de causer un scandale.*

1. crainte

2. de crainte que notre dispute

3. de peur que notre dispute

4. craindre

5. appréhender

6. hésiter

III. Faire des phrases avec les éléments suivants et au temps indiqué.

1. il / laisser tomber / verre / exprès (passé)

2. il / faire exprès / laisser tomber / verre (passé)

3. Geneviève / refuser / danser / sous prétexte / elle / être malade (présent)

4. Geneviève / refuser / danser / sous prétexte / être malade (présent)

5. pleuvoir / en sorte que / nous / ne pas pouvoir / sortir (passé)

6. je / changer / programme / en sorte que / tu / pouvoir venir (futur)

7. Gilbert / projeter / chercher / poste d'assistant (passé)

8. nous / projeter / instaurer / nouveau système (présent)

IV. Vous faites un voyage en train, et la SNCF vous demande de remplir le questionnaire ci-dessous. Répondez en utilisant les expressions de cette section.

1. Pour quel motif avez-vous entrepris ce voyage?

2. Pendant combien de temps resterez-vous à votre destination?

3. Retournerez-vous à votre point de départ?

4. Pourquoi avez-vous décidé de prendre le train?

5. Dans quelle classe voyagez-vous?

6. Pensez-vous faire d'autres voyages en train dans les six mois à venir?

V. Décrire vos projets après avoir fini vos études ici, en employant les expressions suivantes: **envisager, viser, afin que, de sorte que, jusqu'à ce que, espérer.**

M. Pelletier envisage des efforts particuliers pour atténuer les retards scolaires aux Antilles

Nous n'avons pas l'intention de pratiquer la moindre discrimination

Le gouvernement envisage de créer une agence pétrolière d'État

VII · L'activité

B. L'initiative

RAPPEL
1. **décider de** faire qqch., **que**
2. **commencer** qqch., **à** ou **de** faire qqch. / **finir** qqch., **de** faire qqch.
3. **aider** qqn **à** faire qqch. / **empêcher** qqn **de** faire qqch.

les femmes et l'activité politique

4. **choisir, entreprendre, de** faire qqch.

   Les femmes ont *choisi (entrepris) de* devenir actives politiquement.

5. **prendre la décision de** faire qqch.; **prendre une décision; faire un choix**

   Elles ont *pris la décision de* s'affirmer. Elles ont donc *pris une décision* importante (donc *fait un choix* important).

6. **se mettre à** qqch., **à** faire qqch. / **arrêter, cesser** qqch., **de** faire qqch.

   Pour qu'elles *se mettent à* la politique (*à* lutter), faudra-t-il qu'elles *arrêtent* (*cessent*) leurs autres activités (*de* faire leurs autres activités)?

7. **continuer à** faire qqch. / **encore une fois, de nouveau**   (*recommencer*)

   Je crois qu'elles *continueront à* lutter maintenant.
   C'est bizarre qu'elles doivent reprendre *encore une fois* (*de nouveau*) la même lutte qu'au début du siècle.

8. **prendre l'initiative de** faire qqch. / **manquer d'initiative; se laisser faire**

   Au début, c'était un petit nombre qui a *pris l'initiative de* dire ce qu'elles pensaient; comme toujours la majorité *manquait d'initiative* (*se laissait traiter* comme des enfants).

9. **oser** faire qqch.; **saisir l'occasion de** faire qqch.

   J'admire les gens qui *osent* (*saisissent l'occasion de*) dire ce qu'ils pensent.

notes

- L'initiative s'exprime principalement par des verbes et presque tous prennent des prépositions; il faut donc être très attentif à leur maniement.

- En français on **prend** une décision (5) et on **fait** un choix (5).

- On se met **à** (6) mais on arrête **de** (6), faire quelque chose.

- Quand on laisse l'initiative à quelqu'un d'autre, qui agit en plus sur soi, on dit: **se laisser faire** quelque chose (8). On peut préciser: **se laisser tromper, voler, battre,** etc., ou dire d'une personne qui manque d'initiative en général: "Elle se laisse toujours faire." Voir pour essayer de stimuler un enfant qui ne se défend pas: "Ne te laisse pas faire!"

- **L'occasion** (9) en français désigne le moment opportun (voir aussi VI.G.4.).

Les États-Unis continuent de soutenir le chah affirme le porte-parole du département d'État

Les élus seront encouragés à prendre des initiatives industrielles

Interrogez l'ordinateur et choisissez parmi 18 000 affaires

EXERCICES

I. Ecrire des phrases à sens équivalent.

1. Après avoir beaucoup réfléchi, il *a décidé* de se présenter aux élections.

2. Pierre *a arrêté* de fumer il y a deux mois.

3. Il faut *faire un choix:* lui ou moi.

4. Dans une profession aussi compétitive, il ne faut pas *manquer d'initiative*.

5. Nous allons essayer *encore une fois* de faire parvenir un message.

II. Ecrire des phrases à sens contraire.

1. Sa femme a *entrepris* de le faire changer d'avis.

2. Les agents de police l'ont *aidée* à entrer.

3. Elisabeth *s'est mise* à écrire des articles pour le journal.

4. Paul *se laisse guider* par les autres.

5. Les avocats ont *commencé* à discuter la proposition.

6. Je *continue* à croire que ce programme d'études pourrait m'aider.

III. Ecrire le début de la phrase dont voici la fin.

1.   : maintenant il faut vivre avec cette décision.

2.   après que les voisins se sont plaints.

3.   ou bien tu seras dépassé par les autres.

4.   Quel courage!

5.   mais à 18 heures, nous étions encore au travail.

IV. Faire des phrases avec les éléments donnés et en complétant le sens.

1. l'espion / saisir l'occasion . . .

2. les sociologues / cesser / croire . . .

3. une vedette / devoir / le laisser . . .

4. je / ne jamais / oser . . .

5. on / devoir / décision

V. Avec un(e) de vos ami(e)s, vous avez décidé de dîner dans un restaurant très célèbre et élégant, quoique vous ayez très peu d'argent. Raconter ce qui se passe en employant les expressions suivantes: **entreprendre, prendre la décision, oser, saisir l'occasion, faire un choix, se mettre à, de nouveau.**

VII · L'activité

C. Moyen et manière

RAPPEL
1. **avec** qqch.
2. **employer** qqch.
3. **la manière, la façon, de** faire qqch.
4. faire qqch. **en** (PART PRES) ("le gérondif")

préparer un examen

5. **utiliser** qqch.; **profiter de** qqch. / **se passer de** qqch.

   J'ai *utilisé (profité de)* les notes de mon ami, mais je *me suis passé de* lire les livres que le professeur a cités.

6. **le moyen de** faire qqch.; faire qqch. **au moyen d'**autre chose, **à l'aide d'**autre chose

   Cela me semble *le* meilleur *moyen de* préparer l'examen. Certains de mes amis le font *au moyen (à l'aide) de* beaucoup de livres mais les notes de mon camarade sont très efficaces.

7. **aider** qqn **à** faire qqch.; **faciliter** qqch. **à** qqn / **rendre** qqch. **difficile, compliquer le travail, à** qqn

   C'est le seul de mes amis qui a accepté de *m'aider à* préparer l'examen (de *me faciliter* la préparation de l'examen). Les autres ont plutôt voulu *me rendre* la préparation *difficile* (plutôt *me compliquer le travail*).

8. **conseiller à** qqn **de** faire qqch.; **donner des conseils à** qqn

   Je *lui* ai *conseillé de* faire son propre travail mais il m'a dit que je ne devais pas *lui donner de conseils*.

9. **grâce à** qqch. / **faute de** qqch.   (*une bonne aide / un manque de*)

   Je réussirai *grâce aux* notes de mon ami, et les autres échoueront *faute d'*amis aussi intelligents et gentils que le mien.

10. faire qqch. **de sorte que** + SUBJ   (*pour avoir un certain résultat*)

    J'ai arrangé mon travail *de sorte que* je puisse préparer l'examen pendant trois jours sans m'arrêter.

11. présenter, comporter, l'avantage / l'inconvénient de qqch., **de** faire qqch.

Mon système *présente (comporte) l'avantage de* la brièveté mais aussi *l'inconvénient de* compter exclusivement sur l'intelligence de mon ami.

notes

- **Utiliser** (5) indique le simple fait d'employer. **Profiter** (5) ajoute l'idée d'un gain (pas nécessairement financier).

- En français on fait quelque chose **à l'aide** ou **au moyen d**'autre chose (6). N'utilisez pas dans ce contexte *par* ou *à travers*.

- **Au moyen de** (6) et **à l'aide de** (6) indiquent un emploi qui facilite. **Grâce à** (9) souligne surtout un résultat heureux.

- **De sorte que** (10) suivi du subjonctif se réfère à la façon d'agir pour atteindre un but. Voir aussi VII.A.8.

- **Inconvénient** (11) est le mot le plus fréquent en français pour "désavantage, source de problèmes". Ne le confondez pas avec **incommode** (peu facile, peu confortable).

EXERCICES

I. Transformer les phrases suivantes.

  A. *J'ai employé son stylo pour écrire mon devoir.*

  1. utiliser

  2. avec

  3. à l'aide

  4. employant

  B. *Ses remarques m'ont aidé à comprendre la situation.*

  1. à l'aide de

  2. au moyen de

  3. grâce à

  4. profiter

  5. faciliter

II. Ecrire des phrases à sens contraire.

  1. Le lexique comporte *l'inconvénient* d'être situé à la fin.

  2. Les explications *compliquent* notre traduction de ce texte.

  3. *Faute de* renseignements, je *n'*ai *pas* pu trouver le chemin.

  4. *Sans* votre camarade, vous iriez moins vite.

  5. Les étudiants peuvent *profiter* de son discours.

  6. Son article m'a *facilité* la compréhension du texte.

III. Compléter les phrases commencées.

1. Ce qui m'étonne chez les Chinois, c'est la manière . . .

2. Le Concorde présente . . .

3. Si vous voulez devenir acteur, je vous conseille . . .

4. Le seul moyen de le faire changer d'avis, . . .

5. On ne pourra jamais se passer . . .

6. Son absence rend . . .

IV. Décrire un instrument, un élément, un processus, etc., qui fait partie d'un de vos passe-temps. Employer les termes suivants:

1. utiliser

2. en + PART PRES

3. conseiller

4. de sorte que

5. le moyen

V. Vous venez de recevoir un "Oscar" comme meilleur(e) acteur / actrice de l'année. Faire un petit discours de remerciement en employant les expressions suivantes: **grâce à, aider, donner des conseils, à l'aide de, faute de, profiter de.**

VII · L'activité

D. L'effort

1. **essayer de** faire qqch.
   2. **faire un effort pour** faire qqch.; **faire l'effort de** faire qqch.
   3. **renoncer à** qqch., **à faire** qqch.   (*abandonner l'espoir, n'avoir plus le désir*)

avoir une bonne note

4. **tâcher de, chercher à,** faire qqch.

   Je vais *tâcher d'*avoir (je *cherche à* avoir) une bonne note ce semestre.

5. **tenter de, s'efforcer de,** faire qqch.; **faire une tentative**

   J'ai *tenté* (je *me suis efforcé) de* le faire l'année dernière, mais sans y réussir.
   J'ai *fait des tentatives* l'année dernière mais sans succès.

6. **se concentrer sur** qqch.

   Il faudra que je *me concentre* vraiment *sur* mes études.

7. **faire de son mieux pour, faire tout son possible pour,** faire qqch.

   J'ai été paresseux dans le passé mais cette fois-ci je vais *faire de mon mieux* (*tout mon possible*) *pour* y arriver.

8. **se donner du mal pour** qqch., **pour** faire qqch., **pour que** + SUBJ   (*faire un grand effort*)

   Je sais qu'il faudra que je *me donne du mal pour* ce cours (*pour* réussir dans ce cours, *pour que* ma note soit bonne).

9. faire qqch. **comme on peut; faire ce qu'on peut**   (*faire selon sa capacité*)

   Autrefois je travaillais *comme je pouvais* (*faisais ce que je pouvais*), mais je ne réussissais pas.

10. **avoir beau** faire qqch.   (*l'effort ne réussit pas*)

    J'*avais beau* relire mes cours dix fois, j'avais toujours des notes médiocres.

- **Chercher à** (4) est peut-être un peu plus recherché stylistiquement que **tâcher de** (4). Noter aussi l'accent circonflexe à **tâcher** (cf. *tacher:* salir), et la différence de prépositions.

- On fait un effort (2) ou une tentative (5) **pour** faire quelque chose. Avec l'article défini (l'effort, la tentative) on emploie **de**.

- **Avoir beau** faire telle chose (10) signifie: "Malgré mes efforts, peu importe le nombre de fois que j'essaie de faire telle chose—je n'y réussis pas." C'est une expression assez courante pour un échec répété.

Les défenseurs du Larzac s'efforcent de remobiliser l'opinion publique

L'Italie cherche à obtenir un aménagement du projet de système monétaire européen

Israël tente d'obtenir une importante aide économique des Etats-Unis

EXERCICES

I. Remplacer **essayer de** par les expressions données, en faisant les changements nécessaires.

A. *Godard a essayé de rompre avec la tradition cinématographique.*

1. faire un effort

2. tenter

3. s'efforcer

4. tentative

5. chercher

B. *Les Québecois essaient de maintenir leur culture.*

1. faire un effort

2. faire l'effort

3. tâcher

4. chercher

5. tenter

6. s'efforcer

7. faire de son mieux

8. faire tout son possible

9. faire ce qu'on peut

C. *Nous avons essayé en vain de le convaincre.*

1. faire de son mieux

2. comme on peut

3. ce qu'on peut

4. renoncer

5. avoir beau essayer

II. Faire une phrase avec les éléments suivants et en complétant le sens.

1. un juge / s'efforcer

2. un médecin / faire / mieux

3. un politicien / tenter

4. un professeur / faire / possible

5. un prêtre / tâcher

6. un psychiâtre / chercher

7. un dictateur / avoir beau

8. un P.d.g. / concentrer

III. Employer les expressions de cette section—au passé composé—pour décrire les efforts d'une championne des 400 mètres.

1. trouver le temps de s'entraîner

2. atteindre la haute compétition

3. être sélectionnée pour l'équipe olympique

4. battre le record

5. être acceptée au même titre que les hommes

IV. Que faut-il faire pour être vraiment l'ami de quelqu'un? Employer les mots et constructions de cette section.

VII · L'activité

E. Réussite et échec

RAPPEL
1. **pouvoir** (*physiquement*); **savoir** (*intellectuellement*), faire qqch.
2. **réussir** qqch., à faire qqch.
3. **échouer; échouer dans un projet, un effort, une tentative**

faire le voyage de ma vie

4. **parvenir à** faire qqch.

L'année dernière je suis enfin *parvenu à* visiter la Chine.

5. **avoir du mal à** faire qqch.

J'ai *eu du mal à* obtenir mon visa.

6. **résister à** qqn, qqch. / **céder à** qqn, qqch.

J'ai *résisté à* la tentation d'insulter le fonctionnaire, et j'ai bien fait de ne pas *y céder*.

7. **surmonter un obstacle; atteindre son but / manquer son but**

Il a fallu *surmonter cet obstacle* mais j'ai enfin *atteint mon but*. Heureusement que je ne *l'*ai pas *manqué!*

8. **résoudre un problème; trouver la solution d'**un problème

C'est mon sénateur qui a *résolu* (a *trouvé la solution de*) mon problème.

9. **se tirer d'affaire** (*sortir d'une situation difficile*)

Je n'aurais pas pu *me tirer d'affaire* tout seul.

10. **à force de** qqch., **de** faire qqch. (*par des efforts répétés*)

A force de questions (*de* poser des questions) le sénateur a trouvé la source des ennuis.

11. **achever** qqch.; **mener** qqch. **à bien** (*conduire à un bon résultat*)

Ma visite m'a permis d'*achever* (de *mener à bien*) les préparatifs d'un voyage que je rêvais de faire depuis longtemps.

12. une chose est **réussie, un** (grand) **succès, une** (grande) **réussite** / une chose est **manquée, un échec** (retentissant)

> Le voyage a donc été très *réussi* (*un* grand *succès, une* grande *réussite*). Je ne sais pas ce que j'aurais fait s'il avait été *manqué* (*un échec*).

notes

- On dit: avoir du mal à faire quelque chose (5).

- En français on emploie le verbe **atteindre** (7) pour exprimer l'idée d'arriver à son but. Mais **réussir** (2) est plus fréquent.

- Se rappeler les particularités des formes du verbe **résoudre** (8): je résous, il résout, nous résolvons, ils résolvent, résolu, je résoudrai.

- **Achever** (11) a en français le sens de ter-

miner, et souvent de bien terminer, quelque chose. Ne pas le confondre avec **réussir** quelque chose ou **atteindre** son but: le sens est proche mais non identique. **Achèvement** veut donc dire le fait de terminer ("l'achèvement de la construction").

- **Accomplissement,** assez rare en français, a le sens de "réalisation" (avoir accompli). Cf. *réussite* et *exploit,* qui dénotent un résultat significatif ou remarquable.

Les clubs français auront du mal à passer le deuxième tour des Coupes d'Europe

« *Nous ne céderons pas* »

Les objectifs du plan quinquennal ne pourront être tous atteints

EXERCICES

I. Remplacer les mots en italique par l'expression entre parenthèses, en faisant les changements nécessaires.

    1. Les étudiantes ont *achevé* leur colloque sur la littérature féminine. (mener à bien)

    2. Ils ont *trouvé la solution* du crime. (résoudre)

    3. Les astronautes *ont réussi à* préparer leur capsule. (parvenir)

    4. La présentation sera *une réussite*. (réussi)

II. Ecrire des phrases à sens contraire.

    1. Les journalistes considèrent son dernier discours comme un *succès*.

    2. Le nageur a *manqué son but,* qui était de traverser la Manche.

    3. A mon avis, l'interview était *manquée*.

    4. Les chercheurs *ont échoué dans leur effort* pour trouver un nouveau vaccin.

III. Compléter les phrases en employant une expression de cette section.

    1. Après avoir vu une répétition, je crois que la pièce sera . . .

    2. Malgré tous ses efforts, l'athlète . . .

    3. La situation est grave, mais nous allons . . .

    4. N'aie pas peur: il est très intelligent; il . . .

    5. Ce juge est un homme très sévère; vous . . .

IV. Faire des phrases avec les éléments suivants et en complétant le sens.

    1. nous / résoudre / problème de l'énergie / si . . .

    2. on / pouvoir / aider / enfants handicapés / force . . .

    3. étudiants de français / avoir du mal . . .

4. travailleurs immigrés / devoir / surmonter l'obstacle . . .

5. l'inspecteur / manquer son but / si . . .

V. Vous êtes le premier à faire le tour du monde en ballon. A votre arrivée au Bourget, vous donnez une conférence de presse où vous décrivez votre voyage. Employer les mots et constructions suivants: **parvenir, avoir du mal, se tirer d'affaire, résoudre un problème, mener à bien, à force de, le succès.**

VII · L'activité

F. Cause et effet

RAPPEL   1. **parce que** + INDIC / **bien que** + SUBJ
2. **à cause de** qqch. / **malgré** qqch.
3. **influencer** qqn
4. **par conséquent**

les étudiants et la police

5. **puisque, comme, étant donné que; étant donné** qqch.

> *Puisque (Comme, Etant donné que)* la police était là, les étudiants ont manifesté.
> *Etant donné* la présence de la police, les étudiants ont décidé de manifester.

6. **malgré le fait que**

> Ils ont fait les fous *malgré le fait que* la police n'est pas toujours gentille avec eux.

7. **décider, pousser,** qqn **à faire** qqch.; **exercer une influence sur** qqn

> La situation a *décidé (poussé)* les étudiants à agir.
> L'attitude des étudiants a *exercé une influence sur* la police.

8. **faire** faire qqch. **à** qqn, **par** qqn

> Les insultes des étudiants ont *fait réagir* la police.
> La police a *fait quitter* le quartier *aux* étudiants.

9. **avoir un résultat; entraîner, produire, déclencher, provoquer,** qqch.

> Comme souvent leurs actions ont *eu un résultat* imprévu, et cela a *entraîné (produit, déclenché, provoqué)* une petite guerre.

10. **c'est pourquoi; voilà pourquoi; il en résulte que**

> *C'est pourquoi (Voilà pourquoi)* l'université a été fermée.
> *Il en a résulté que* l'on a fermé l'université.

11. **. . . c'est que . . .**   (*voici la raison*)

> On a fermé l'université. *C'est qu'*il y avait trop de désordres.

12. **aboutir à** qqch., à faire qqch., **à ce que** + SUBJ (*culminer en*)

Je ne crois pas que ces événements *aboutissent à* un changement (*à changer la situation, à ce que* la situation change).

13. finir par faire qqch. (*avoir comme résultat*)

Tout *finira par* redevenir calme dans quelques jours.

notes

- Les expressions de (5) expriment la cause d'une action ou d'une situation, dans une proposition subordonnée qui précède la proposition principale. **Etant donné** est invariable.

- **Puisque** (5) se trouve presque toujours au début de la phrase, **parce que** jamais. Dans le premier cas on cite la cause avant l'effet; dans le deuxième, c'est le contraire.

- On **fait agir** quelqu'un ("le faire partir") (8). L'action de cette personne peut avoir un complément d'objet direct ("faire quitter le quartier"). Lorsque ce complément et la personne sur qui on agit figurent tous les deux dans la phrase, la personne est introduite par **à** ("faire quitter le quartier **aux** étudiants", "leur faire quitter le quartier"). On emploie **par** lorsqu'il y a une confusion possible ("faire lire une déclaration aux étudiants" signifie: ou "faire lire, par les étudiants, une déclaration" ou "qu'on lise aux étudiants une déclaration"). Lorsqu'il y a doute, il vaut mieux employer **par**.

- Noter les nuances qui séparent les expressions de (9): chacune indique une causalité plus "active". **Avoir un résultat** signale le fait; **entraîner** indique l'idée de conséquence; **produire** indique la source, ce qui donne naissance. **Déclencher** signifie mettre brusquement en action (surtout les grèves et les guerres); enfin **provoquer** indique le fait de pousser, parfois violemment, et souvent vers des résultats troublants ou négatifs.

- Le passé composé de **il en résulte que** est **il en est résulté que** (10).

Les grèves à la S.N.C.F. entraînent de nouvelles perturbations à partir de jeudi soir 9 novembre

Le scandale du ministère de l'information menace de provoquer une crise

EXERCICES

I. Transformer la phrase en employant les expressions données.

    A. *Ils sont allés au cinéma parce qu'il pleuvait.*

    1. puisque

    2. à cause de

    3. comme

    4. étant donné que

    5. étant donné

    6. voilà pourquoi

    B. *J'ai commis le vol parce que mon camarade me l'a conseillé.*

    1. faire + INF

    2. c'est que

    3. pousser

    4. décider

    5. aboutir à

    C. *On maltraite ces chiens. Voilà pourquoi ils sont devenus si sauvages.*

    1. par conséquent

    2. c'est pourquoi

    3. il en résulte que

    4. parce que

    5. c'est que

    6. finir par

D. *Nous avons pris cette décision, malgré le fait que notre chef s'y est opposée.*

1. bien que

2. malgré

3. influencer

4. une influence

II. Relier ces causes et effets au moyen des expressions du numéro 9.

modèle   attaque des terroristes / des représailles
L'attaque des terroristes *a entraîné* des représailles.

1. déclin du dollar / crise économique

2. découverte du pétrole / résultat inattendu

3. l'annonce de son mariage / effet de surprise

4. rupture des négociations / grève

5. la décision du président / manifestation violente

III. Répondre aux questions en employant des expressions de cette section.

1. Pourquoi êtes-vous habillé ainsi?

2. Qui vous a le plus influencé dans vos études?

3. Pourquoi y a-t-il une crise de l'énergie?

4. Qu'est-ce qui vous a décidé à commettre ce crime?

5. Pourquoi avez-vous acheté cette Mercédès?

6. Pourquoi croyez-vous que des espions vous poursuivent?

7. Quel sera le résultat de la prolifération des armes nucléaires?

8. Réussirez-vous dans ce cours?

IV. Vous êtes à la douane et vous essayez d'expliquer aux douaniers pourquoi vous avez tenté d'entrer dans le pays avec de la contrebande. Employer les expressions suivantes: **malgré le fait que, étant donné, comme, faire faire, voilà pourquoi, c'est que, aboutir à.**

VII · L'activité

G. La responsabilité

RAPPEL   1. **s'occuper de** qqn, qqch.
2. **être, se sentir, responsable de** qqch., qqn
3. **être à** qqn **de** faire qqch.

l'état et l'individu

4. **promettre de** faire qqch.; **s'engager à** faire qqch.

> L'état *promet* souvent *de* (*s'engage* souvent *à*) s'occuper du bonheur de l'individu.

5. **être, se sentir, responsable de** qqch., **de** faire qqch.; **assumer ses responsabilités**

> Mais chacun doit *être* (*se sentir*) *responsable de* son bonheur (*d'*assurer son propre bonheur).
> C'est à chacun *d'assumer ses responsabilités.*

6. **avoir à** faire qqch.; **être chargé de** faire qqch.; **être censé** faire qqch.

> Chaque citoyen *a* donc *à* (*est* donc *chargé de; est* donc *censé*) faire son propre bonheur.

7. qqch. **dépend de** qqn; qqch. **est entre les mains de** qqn; qqn **est pour beaucoup dans** qqch.   (*avoir un* [*grand*] *rôle à jouer*)

> Le bonheur individuel *dépend* (*est entre les mains*) *de* l'individu.
> L'individu *est pour beaucoup dans* son propre bonheur.

8. qqch. **regarde** qqn   (*c'est son affaire*); **compter sur** qqn **pour** qqch.   (*lui faire confiance*)

> La destinée des citoyens ne *regarde* pas l'état.
> Il ne faut pas *compter sur* l'état *pour* son bonheur.

9. **tenir parole; tenir sa promesse / se dérober à** qqch.; **s'en laver les mains**

> De plus, l'état ne *tient* souvent pas *parole* (*sa promesse*): certains législateurs *se dérobent à* leur devoir et d'autres *s'en lavent* complètement *les mains.*

10. être (de) la faute de qqn; **être, se sentir, coupable de** qqch., **de faire** qqch. / **n'y être pour rien**

> Mais cela signifie que si l'individu est malheureux, *c'est de sa faute.*
> C'est lui qui *est* (doit *se sentir*) *coupable de* son malheur (*d'avoir mal assuré son bonheur*). L'état *n'y est pour rien.*

notes

- Les expressions de responsabilité comportent presque toutes des prépositions (**à, de sur,** etc.); il faut donc être très attentif à leur maniement.

- Pour la différence entre **dépendre de** (7) et **compter sur** (8), voir VI.E.5.

- Noter bien la syntaxe et le sens de "quelque chose **regarde** quelqu'un" (8): c'est l'affaire de quelqu'un. On emploie surtout cette expression pour dire à quelqu'un qu'il met le nez là où il ne faut pas: "Mêlez-vous de ce qui vous regarde"; "Cela ne vous regarde pas."

Suède

M. ULLSTEN, LIBÉRAL SERAIT CHARGÉ DE FORMER LE NOUVEAU GOUVERNEMENT

En Algérie

Le colonel Bendjeddid Chadli aurait été chargé des affaires militaires par le Conseil de la révolution

EXERCICES

I. Ecrire des phrases à sens équivalent.

1. Maintenant, tout *dépend de* l'ambassadeur.

2. Crois-tu que ton frère *tienne parole?*

3. Les veilleurs de nuit *sont censés* faire un tour vers minuit.

4. Sa nièce *a promis de* lui tenir compagnie le dimanche.

5. Si Marie-Louise est malheureuse, c'est son père qui en *est coupable.*

II. Faire des phrases avec les éléments donnés, au temps indiqué.

1. citoyens / devoir / assumer / responsabilités (présent)

2. agents de police / censé / protéger / citoyens (présent)

3. président / ne rien / faire / cette situation / se laver / mains (passé)

4. son fiancé / être pour beaucoup / sa décision (futur)

5. nous / se sentir / responsable / créer / cette atmosphère (passé)

6. Yvonne / se dérober / obligations / envers / parents (passé)

III. Compléter les phrases avec des expressions de cette section.

1. Nous nous fions complètement à vous: notre avenir . . .

2. Je viendrai, Paul. Tu peux . . .

3. Pourquoi te mêles-tu de cette affaire? . . .

4. Si tu crois qu'il en est responsable, tu te trompes: il . . .

5. S'il se sent coupable, il a raison:

IV. Employer des expressions de cette section pour exprimer des responsabilités de parents envers leurs enfants.

1. les nourrir

2. les aimer

3. leur donner un sentiment de sécurité

4. payer leurs études

5. s'occuper de leurs problèmes

6. les soigner quand ils sont malades

7. respecter leur indépendance

V. Discuter ce qui fait un bon cours. Employer les mots et constructions suivants: **être à, avoir à, compter, dépendre, être pour beaucoup dans, la faute.**

VII · L'activité

H. Obligation et nécessité

RAPPEL **1. falloir** faire qqch., **que** + SUBJ / **n'être pas nécessaire de** faire qqch., **que** + SUBJ / **ne pas falloir** faire qqch., **que** + SUBJ
2. devoir faire qqch. / **n'être pas obligé de** faire qqch. / **ne pas devoir** faire qqch.

les élèves en classe

3. permettre / interdire, défendre à qqn **de** faire qqch., **que** + SUBJ

> La maîtresse *permet aux* élèves *de* poser des questions, mais *leur interdit* (*défend*) *de* parler tous en même temps.

4. obliger qqn **à** faire qqch., **être obligé de** faire qqch.

> Elle *les oblige* aussi *à* répondre correctement.
> Ils *sont* aussi *obligés de* répondre correctement.

5. qqch. est **obligatoire / permis / facultatif / défendu, interdit**

> Le silence total n'est pas *obligatoire* à l'école. Parler est *permis* et la participation est souvent *facultative,* mais les remarques grossières sont *défendues* (*interdites*).

6. exiger qqch. **de** qqn, **que** + SUBJ
qqn est **exigeant;** qqch. est **exigé**

> La maîtresse *exige* l'obéissance (*que* les élèves obéissent).
> Avec les maîtresses *exigeantes* beaucoup de choses sont *exigées.*

7. il est indispensable de faire qqch., **que** + SUBJ

> *Il est indispensable de* bien former les élèves (*que* les élèves soient bien formés).

notes

- Noter que plusieurs des expressions d'obligation et nécessité (1,3,6,7) sont suivies du subjonctif.

- On permet, interdit, défend à quelqu'un **de** faire quelque chose (3).

- On oblige quelqu'un **à** faire quelque chose mais quelqu'un est obligé **de** le faire (4).

A Toulouse

Le préfet de la Haute-Garonne
interdit une réunion de l'Eurodroite

Pologne

Les délicats problèmes de la coexistence entre l'Église catholique
et l'État exigeront une patience réciproque

EXERCICES

I. Faire du mot entre parenthèses le sujet de la phrase.

modèle Les élèves ont été obligés de réciter des vers. (l'instituteur)
L'instituteur *a obligé* les élèves à réciter des vers.

1. Charlotte est obligée d'être à l'heure. (sa mère)

2. Il est permis (aux étudiants) de fumer en classe. (le professeur)

3. Pour les athlètes, fumer est interdit. (l'entraîneur)

4. Il était défendu de parler de leur arrestation. (la police)

5. La soumission du peuple était exigée. (le roi)

II. Ecrire une phrase à sens contraire.

1. Ce cours est *facultatif.*

2. Les étudiants *ne sont pas obligés* de passer l'examen final.

3. On a *défendu* aux photographes de prendre des photos.

4. Il est *permis* de monter dans un train en marche.

5. *Il n'est pas nécessaire* de les remercier.

III. Faire des phrases avec les éléments donnés et en complétant le sens.

1. professeurs / exigeants

2. dans le mariage / indispensable de

3. indispensable que / un soldat

4. mon père / permettre

5. médecin / interdire / le malade

IV. Expliquer le sens de ces panneaux de signalisation:

modèle

Le stationnement est interdit.
(Il est interdit de stationner.)

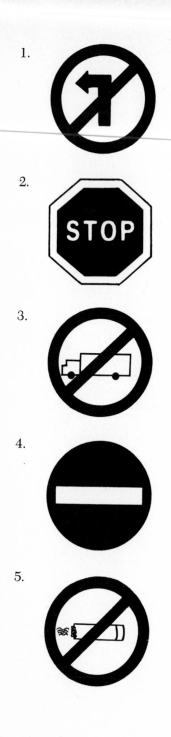

1.

2.

3.

4.

5.

V. Répondre aux questions en employant les expressions de cette section.

1. Que faut-il faire, avoir, ou avoir fait pour être accepté comme étudiant dans une université?

2. Qu'est-ce qui est interdit ici—dans les cours, dans les résidences, sur le campus, etc.?

Lexique/Index

Abréviations

adj.	adjectif	*n.*	nom
adv.	adverbe	*pl.*	pluriel
aux.	auxiliaire	*p.p.*	participe passé
conj.	conjonction	*prép.*	préposition
f.	féminin	*pron.*	pronom
fam.	familier	*qqch.*	quelque chose
impers.	impersonnel	*qqn*	quelqu'un
indéf.	indéfini	*rel.*	relatif
inf.	infinitif	*v.i.*	verbe intransitif
inter.	interjection	*v.pr.*	verbe pronominal
invar.	invariable	*v.t.*	verbe transitif
m.	masculin		

Les chiffres renvoient aux sections où se trouve l'expression donnée. Un astérisque (*) indique les expressions qui figurent dans la première partie, "Dire".

abeille (*n.f.*) bee

abord (*n.m.*): **d'—** II.C first, in the first place

tout d'— II.C first of all

aborder (*v.t.*) II.C to deal with, approach (a subject); III.A to approach (someone)

aboutir à (*v.i.*) VI.F, VII.F to lead to, to result in

accélerer (*v.t.*) VI.H to accelerate, to speed up

accent (*n.m.*): **mettre l'— sur** II.D to emphasize, to stress

accepter de (*v.i.*) II.E* to agree to

accord (*n.m.*) agreement

donner son — pour II.E to agree to

être d'— avec II.E* to agree with

se mettre d'— II.G to come to an agreement

accorder (s') (*v.pr.*) to agree (nouns and adjectives, subjects and verbs, etc.)

achever (*v.t.*) VII.E to finish, to complete

actualité (*n.f.*) VI.G current situation

actuellement (*adv.*) VI.B now, at the present time

admirer (*v.t.*) II.D* to admire

advenir (*v.i.*): **advienne que pourra** VI.G whatever happens

afin (*conj.*): **— de** VII.A to, in order to

— que VII.A so that

affaire: se tirer d'— VII.E to pull through, to get out of a jam

affinité (*n.f.*): **avoir des —s** III.B to have something in common

affronter (*v.t.*) to confront

agacer (*v.t.*) III.E to annoy

agent (*n.m.*) policeman

— de change stockbroker

aggraver (*v.t.*) VI.F to make worse

agir (s') (*v.pr.* et *invar.*): **il s'agit de** I.A* to be about, to be a question of

de quoi s'agit-il? I.A* what is the subject of . . . ?, what is it about?

aide (*n.m.*): **à l'— de** VII.C with the help of

aider (*v.t.*) VII.B*, VII.C to help

ailleurs (*adv.*): **par —** II.C besides

aimer (*v.t.*) II.H* to like

— beaucoup to enjoy, to like

— mieux to prefer

— moins to like less

n'— pas tellement II.H not to like especially

ainsi (*adv.*) II.C, IV.E thus, so

X ainsi que Y IV.A X just as Y

air (*n.m.*): **avoir l'— de** V.F* to seem, to look (like)

se donner des —s II.D to put on airs

aise (*n.f.*): **à l'—** at ease

mal à l'— ill at ease

aller (*v.i.*): **— de mieux en mieux** VI.F to get better and better, to improve

— et venir VI.H to come and go

il (cela) va de soi; il (cela) va sans dire V.F it goes without saying

s'en — (*v.pr.*) to go away

allusion (*n.f.*): **faire — à** II.C to refer to

alors (*adv.*) then (point in time)

— que IV.A whereas

amateur (*n.m.*): **être — de** II.H to be interested in, to be a fan of

améliorer (*v.t.*) VI.F to improve

s'— (*v.pr.*) VI.F* to improve, to get better

aménager (*v.t.*) VI.H to decorate, to fix up; to move out

amour-propre (*n.m.*) III.C self-respect; self-pride

amoureux (*adj.*): **être — de** III.C* to be in love with

tomber — de III.C* to fall in love with

annoncer (*v.t.*) II.B to announce, to report

apercevoir (*v.t.*) III.A to glimpse; to perceive

s'— (*v.pr.*) V.A to notice

apparemment (*adv.*) V.F apparently

appeler (**s'**) (*v.pr.*) I.A* to be called

elle s'appelle her name is

apprécier (*v.t.*) III.D* to enjoy, to like

appréhender (*v.t.*) VII.A to be afraid to

apprendre (*v.t.*) V.A* to learn, to hear; to teach

approcher (**s'**) (*v.pr.*) VII.H to come near, closer

approuver (*v.t.*) IV.D to approve of

après (*prép.*) VI.B* after

d'— II.A according to

après-demain (*adv.*) VI.B the day after tomorrow

argot (*n.m.*) slang

arrêter (*v.t.*) VII.B to stop; to arrest

arriver (*v.i.*) VI.G* to happen

— au bon moment VI.G to arrive, to happen, (just) in time

ce sont des choses qui arrivent VI.G these things will happen

en — à VI.F to come to, to end by

ascenseur (*n.m.*) elevator

aspirateur (*n.m.*) vacuum cleaner

assez (*adv.*) I.F* enough

— de...pour I.F* enough . . . to

— bon, — bien IV.D good, rather good

assistant(e) social(e) social worker

assumer (*v.t.*): **— ses responsabilités** VII.G to accept one's responsibilities

attacher (*v.t.*): **— de l'importance à** II.D to consider important

attaquer (**s'**) (*v.pr.*): **— à** II.G to attack, to criticize

atteindre (*v.t.*) I.E to reach, to achieve

— son but VII.E to reach one's goal

attendre (**s'**) (*v.pr.*): **— à** V.D to expect

attention (*n.f.*): **attirer l'— sur** II.D to call attention to

faire — à to pay attention to

aucun (*pron.*) I.C* not one, no one; (*adj.*) no

augmenter (*v.t.*) I.D, VI.F to increase

aujourd'hui (*adv.*) VI.B today

auparavant (*adv.*) VI.B before that time

aussi (*adv.*) I.C* also, too

—... que IV.A* as . . . as

— bien Y que X IV.A X as well as Y

aussitôt (*adv.*): **— que** VI.A as soon as

autant (*adv.*): **— de...que** IV.A* as much . . . as, as many . . . as

autant...autant... II.I just as much as

d'— plus que II.D all the more so, especially since

autocar (*n.m.*) tour bus, bus between cities

autre: les autres III.B other people

autrefois (*adv.*) VI.B formerly, in the past

autrement (*adv.*): **— dit** II.C in other words

autrui (*pron. indéfini invar.*) II.B others, other people

avance: en — VI.B* early

avancer (**s'**) (*v.pr.*) VI.H to advance, to move forward

avant (*prép.*) VI.B* before

se mettre en — II.D to show off

avant-hier (*adv.*) VI.B the day before yesterday

avant-veille (*n.f.*) VI.B two days earlier

avantage (*n.m.*): **présenter l'— de; comporter l'— de** VII.C to have the advantage of

avare (*adj.*) miserly

avec (*prép.*) VII.C* with

avenir: à l'— VI.B in the future

avertir (*v.t.*) V.C to inform, to warn

aveu (*n.m.*) confession

aveugle (*adj.*) blind; blinded, deluded

avis (*n.m.*) opinion

à mon — II.A* I think

changer d'— II.A* to change one's mind

de l'— de II.A in the opinion of

être de l'— de II.E to agree with

avoir (*v.t.*): **— à** VII.G to have to

— beau VII.D however much, no matter how hard

— des ennuis avec, du mal à VII.E to have trouble with, (in) doing

— lieu V.G to happen, to take place

— su V.A to have found out

avortement (*n.m.*) abortion

avouer (*v.t.*) II.I* to admit, to confess

baisser (*v.t. et v.i.*) VI.F to lower; to become lower, to go down

— le volume turn down the sound

bavarder (*v.i.*) II.B to talk, to chatter, to gossip

beau: avoir — VII.D however much, no matter how hard

beaucoup (*adv.*) I.C* many, much

être pour — dans VII.G to contribute greatly to, to have a great deal to do with

bénéfices (*n.f. pl.*) profits

bien (*adv.*) well

— entendu V.G* of course

— que II.I*, VII.F* although, even though

— sûr V.G* of course, naturally

bientôt (*adv.*) VI.B* soon

très — VI.B very soon

bière (*n.f.*) beer

biftek (*n.m.*) steak

bilan (*n.m.*) balance sheet

dresser le —, faire le — IV.E to size up, to weigh the evidence, to look at the overall picture

blâmer (*v.t.*) IV.D to blame, to criticize

bon (*adj.*): **être le/la —...** V.E to be the right . . .

bouc émissaire (*n.m.*) IV.E scapegoat

bouger (*v.i. ou t.*) VI.H* to move

bout (*n.m.*): **au — de** VI.D at the end of, after

bref (*adv.*) IV.E in short, in a word

brouiller (**se**) (*v.pr.*) III.B* to quarrel, to break up

être brouillés III.B* to be on bad terms

but (*n.m.*) I.A goal, aim, purpose

atteindre son — VII.E to reach one's goal

manquer son — VII.E to fail to achieve one's purpose, goal

cacher (*v.t.*) II.B   to conceal, to hide

camarade de chambre (*n.f.* ou *m.*) roommate

carrière (*n.f.*)   career

cas (*n.m.*): **au — où** VI.E   in the event that

  en tout — II.I   in any case

  faire peu de — de III.D   to slight, to make little of

cauchemar (*n.m.*)   nightmare

cause (*n.f.*): **à — de** I.A, VII.F*   because of

ce (*pron.*): **c'est** I.A.   it is

  c'est-à-dire II.C*   that is to say, in other words

  c'est que... I.A.   it is because ..., the reason is that

  c'est...qui (que) II.D*   it is . . . which

  ce qui (que)...c'est II.D*   what . . . is that

céder (*v.i.*) VII.E   to yield

célèbre (*adj.*) III.D   famous

celui-ci/celui-là (*pron.*) IV.A   the latter/the former

censé (*adj.*): **être —** V.D, VII.G   to be supposed to

cependant (*adv.*) II.E*   however

certains...d'autres (*pron. pl.*) IV.A   some . . . others

certes (*adv.*) II.I   to be sure, certainly

certitude (*n.f.*): **en avoir la —** V.G   to be sure of it

cesse: sans — VI.C   incessantly, without stopping

cesser (*v.t.*) VII.B   to stop

c'est-à-dire II.C*   that is to say

chaîne (*n.f.*): **travail à la —**   assembly-line work

chance (*n.f.*) VI.G*   luck

  avoir la — de VI.G*   to have the good fortune to

  avoir de la — que VI.G*   to be lucky that

changement (*n.m.*): **faire un —** VI.F   to make a change

changer (*v.t.* et *i.*) VI.F*   to change

  — de l'argent   to exchange currency

chargé (*adj.*): **être — de** VII.G   to be responsible for

chef-d'oeuvre (*n.m.*)   masterpiece

chercher (*v.t.*): **— à** VII.D   to try to, to seek to

  venir — III.A   to pick up, to call for (someone)

choisir (*v.t.*) VII.B   to choose, to decide

choix (*n.m.*): **faire un —** VII.B   to make a choice

citoyen (*n.m.*)   citizen

clef (*n.f.*): **fermé à —**   locked

coeur (*n.m.*): **avoir bon —** III.C   to be good-hearted

colère (*n.f.*): **se mettre en —** II.G*   to get angry

  mettre qqn en — II.G*   to make someone angry

colloque (*n.m.*)   colloquium

comme (*adv.*) IV.B*   as, like; VII.F   since

  Y — X IV.A   X as well as Y

commencer (*v.i.*) VII.B*   to begin

commode (*adj.*) II.E   convenient, easy

commun (*adj.*): **avoir des choses en —** III.B   to have something in common

comparable (*adj.*): **être — à** IV.B   to be comparable to

compatir (*v.i.*) III.C   to sympathize

compatissant (*adj.*) III.C   sympathetic

complément (*n.m.*)   object

  — d'objet direct   direct object

  — d'objet indirect   indirect object

complètement (*adv.*) I.E   completely, entirely

complexe (*n.m.*): **faire des —s** III.C   to have a complex, to be neurotic

complexé (*adj.*) III.C   inhibited

compliquer (*v.t.*) VII.C   to complicate

comporter (*v.t.*) I.C   to comprise, to involve

  — l'avantage de VII.C   to have the advantage of

  — l'inconvénient de VII.C   to have the disadvantage of

composer (se) (*v.pr.*): **— de** I.A   to be composed of

comprendre (*v.t.*) V.B*   to understand; I.C   to include

  ne — vraiment pas V.B*   not to understand at all

  ne rien — à V.B   to understand none, nothing of, not to understand a thing about

  y compris I.C   including

compte (*n.m.*): **compte rendu**   review (film, book, etc.)

  en fin de — IV.E   all told, in the final analysis

se rendre — de, que V.B*   to realize

compter (*v.i.*) VII.G   to count, to rely

  — sur   to rely on, to depend on

concentrer (se) (*v.pr.*) VII.D   to concentrate

concerner (*v.t.*): **en ce qui concerne** I.A   with reference to, concerning

concierge (*n.f.* ou *m.*)   building superintendent

conclure (*v.t.* et *t.*): **en — que** IV.E   to infer from . . . that, from . . . , to conclude that

  pour — IV.E   in conclusion

conclusion (*n.f.*): **j'en viens maintenant à ma —** IV.E   and this will be my final point

  disons en guise de — que IV.E   in conclusion, by way of conclusion

concordance des temps (*n.f.*)   agreement of verb tenses

concours (*n.m.*)   competition

condition (*n.f.*) **à — de, que** VI.E   providing that, provided that

confiance (*n.f.*): **faire — à** II.F   to trust, to have faith in

confondre (*v.t.*) V.B   to confuse, to mix up

connaissance (*n.f.*)   knowledge

  en — de cause V.C   advisedly

  faire la — de III.A*   to meet, to make the acquaintance of

connaître (*v.t.*) V.C*   to know, to be aware of; III.B*   to be acquainted with

  faire — qqch. V.C   to reveal, to make known

connu (*adj.*) III.D   well-known

consacrer du temps à   to devote time to

conscience (*n.f.*): **prendre — de** V.B.   to become aware of

conscient: être — de V.B*   to be conscious of, to be aware of

conseil (*n.m.*): **donner des —s** VII.C   to give advice

conseiller (*v.t.*) VII.C   to advise, to counsel

conséquent (*adj.*): **par —** IV.E*, VII.F*   therefore, consequently

considérer (*v.t.*) IV.D   to consider

  — qqch. comme IV.D   to consider something as

consister (*v.i.*): **— en** I.A   to consist of, to be composed of

constamment (*adv.*) VI.C constantly

constater (*v.t.*) V.A to find, to recognize

contact (*n.m.*): **garder le —** III.A to keep in touch

content (*adj.*) II.E glad, happy

contenter (*v.t.*) to please
  se — de (*v.pr.*) II.E to be satisfied with, to settle for

continuer (*v.t.*) VII.B to continue, to go on with

contraire (*n.m.*): **le — de** IV.B* the opposite of

contrairement à (*adv.*) IV.B unlike, contrary to

contre (*prép. et adv.*) II.E* against
  par — IV.A on the other hand
  le pour et le — (*n.m.*) IV.E the pros and cons

contrecoeur (*n.m.*): **à —** II.H against one's will, unwillingly

convaincre (*v.t.*) to convince

convenir (*v.i.*): **— à** II.E to suit, to be acceptable
  — de II.E to agree to

coquette (*n.f.*) flirt

correspondre (*v.i.*): **— à** IV.C to correspond to, to mean

coupable (*adj.*) VII.G guilty
  se sentir — VII.G to feel guilty

courant (*n.m.*): **être au — (de)** V.C to be up-to-date, informed (about)
  mettre au — (de) V.C to inform (about)
  se mettre au — V.C to learn
  se tenir au — V.C to keep informed
  langue —e (*adj.*) everyday usage

courir (*v.t. ou i.*) to run
  — des dangers to run risks

courrier (*n.m.*) mail

cours (*n.m.*) course, class

courses (*n.f. pl.*): **faire les —** to go shopping

couturier (*n.m.*) clothing designer

craindre (*v.t.*) VII.A to fear

croire (*v.t.*) II.A*, II.F* to believe
  — en II.F to believe in
  ne — guère à II.F to have doubts about

croiser (*v.t.*): **— qqn** II.A to run into someone

croissant (*adj.*) increasing

croître (*v.i.*) VI.F to grow, to increase

culpabilité (*n.f.*) guilt

dans (*prép.*) VI.D* in

décidé (*adj.*) VII.A determined

décider (*v.t.*) VII.B* to decide
  — de (*v.i.*) VII.B* to decide to
  — à VII.F to persuade

décision (*n.f.*): **prendre la — de** VII.B to decide to
  prendre une — VII.B to make a decision

déclencher (*v.t.*) VII.F to start, to provoke

décontracté (*adj.*) relaxed, casual

découvrir (*v.t.*) V.A* to discover

dédain (*n.m.*) disdain

déduire (*v.t.*): **en — que** IV.E to deduce, to infer that

défendre (*v.t.*) VII.H to forbid

défendu (*adj.*) VII.H prohibited, forbidden

défi (*n.m.*) challenge

dégager (*v.t.*) to bring out

dehors (*adv.*): **en — de** I.C outside of, besides

déjà (*adv.*) IV.D* already

délaissé (*adj.*) neglected, left out

délicieux (*adj.*) delightful

demain (*adv.*) VI.B tomorrow

demande (*n.f.*) request, application

demander (se) (*v.pr.*) II.F to wonder

déménager (*v.t.*) VII.H to move (household), to move out

démissionner to resign

départ (*n.m.*) departure

dépêcher (se) (*v.pr.*) VI.H to hurry

dépendre (*v.i.*): **— de** VI.E, VII.G to depend on
  cela dépend VI.E it depends

déplacer (*v.t.*) VII.H to move
  se — (*v.pr.*) VII.H to move

déposer (*v.t.*) III.A to drop (someone) off

depuis (*prép.*) VI.B, VI.D* since, for

député (*n.m.*) legislator, congressman

déranger (*v.t.*) III.B to disturb, to bother

dérober (se) (*v.pr.*) VII.G to shirk

déroutant (*adj.*) V.F misleading, confusing

dès que (*conj.*) VI.A as soon as

désabusé (*adj.*) without illusions

désapprouver (*v.t.*) IV.D to disapprove of

désormais (*adv.*) VI.B from then on, from now on

destiné (*adj.*) I.D. designed, intended

détester (*v.t.*) II.H* to hate

détresse (*n.f.*) distress, grief

détruire (*v.t.*) VI.F to destroy, to ruin

développer (se) (*v.pr.*) VI.F to develop

devenir (*v.t.*) VI.F* to become

devoir (*v. aux.*) VII.H* ought, should, must
  il doit y avoir V.D there must be
  (*n.m.*) duty, obligation

dialogue (*n.m.*): **c'est un — de sourds** III.B they don't understand each other at all, they don't speak the same language

diminuer (*v.t.*) I.D, VI.F to decrease

dire (*v.t.*) II.B* to say, to tell
  à vrai — V.E* to tell the truth
  avoir entendu — que II.B* to have heard that
  ce qui veut — que II.C which means that
  c'est-à-dire II.C* that is to say, in other words
  ceci (cela) dit II.I having said that, on the other hand
  cela va sans — V.G that goes without saying
  comment —... I.A* how is ... said; how does one say ...
  comment dit-on I.A* how does one say
  — du mal de II.E to speak ill of
  il va sans — que V.G it goes without saying that
  je veux — par là que II.C by that I mean
  ne rien — de II.B not to say anything about
  ne vouloir rien — IV.C to be meaningless
  que veut — IV.C* what is the meaning of
  on dirait; aurait dit IV.B one would think; one would have thought
  soi-disant III.D, V.D so-called, self-styled
  vouloir — I.A*, II.C*, IV.C* to mean

discours (*n.m.*) speech, discourse
  — direct, indirect direct, indirect quotation

discutable (*adj.*) II.F, IV.C questionable, debatable

discuter (*v.t.*) II.G* to discuss, to debate

— de to talk over

disputer (**se**) (*v.pr.*) II.G* to argue, to quarrel

dissimuler (*v.t.*) II.B to conceal, to keep secret

distant (*adj.*) III.B aloof

distraire (**se**) (*v.pr.*) to amuse oneself, to be entertained

domaine (*n.m.*) I.B area, field

dommage: c'est — que IV.D* it's too bad that

donc (*conj.*) IV.E* thus, therefore, so

donné (*adj.*): **étant — que** given (the fact) that, whereas

donner (*v.t.*): **se — du mal** VII.D to take pains

dont (*pron.*) I.C including; of which, of whom; whose

douane (*n.f.*) customs

doute (*n.m.*): **sans —** VI.E* no doubt, probably

douter (*v.i.*) II.F* to doubt

douteux (*adj.*) II.F questionable

dresser: — le bilan IV.E to look at the overall picture

durer (*v.i.*) VI.F* to last

écarter (*v.t.*) VI.H to move aside, to keep away

s'— (*v.pr.*) VI.H to turn aside, to swerve

échapper (*v.i.*): **— à qqn** V.B to escape someone (a meaning, a word, etc.), not to understand

échec (*n.m.*) VII.E failure

échecs (*n.m. pl.*) chess

échouer (*v.i.*) VII.E* to fail

éclair (*n.m.*) lightning

train — express train

effet (*n.m.*): **en —** II.D indeed

efficacement (*adv.*) effectively, efficiently

efforcer (**s'**) (*v.pr.*): **— de** VII.D to strive to

effort (*n.m.*): **faire un — pour, faire l'— de** VII.D* to make an effort to, to try to

égal (*adj.*): **cela est — à (qqn)** II.H it is all the same to (someone)

égard (*n.m.*): **à l'— de** III.B concerning, in regard to, with respect to

éloigner (*v.t.*) VI.H to move away

s'— (*v.pr.*) VI.H to go, to move away

embrouiller (**s'**) (*v.pr.*) to get confused

émissaire (*adj.*): **chercher un bouc — III.E** to look for a scapegoat

émission (*n.f.*) broadcast, program

emménager (*v.t. et i.*) VI.H to move in

empêcher (*v.t.*) VII.B* to prevent

emphase (*n.f.*) grandiloquence

empirer (*v.i.*) VI.F* to get worse

emploi du temps (*n.m.*) daily routine, schedule

employer (*v.t.*) I.D*, VII.C* to use

ému (*adj.*) III.C moved, touched

en + laps de temps VI.D* in, during

+ participe présent VII.C* by; while

— un mot IV.E in a word

encore (*adv.*) VI.D* still

pas — VI.D* not yet

énerver (*v.t.*) to get on (one's) nerves

enfer (*n.m.*) hell

enfin (*adv.*) II.C at last, finally

enfuir (**s'**) (*v.pr.*) to run away

engager (**s'**) (*v.pr.*) VII.G to commit oneself, to undertake

englober (*v.t.*) I.C to include, to comprise

ennuis (*n.m. pl.*) problems

avoir des — avec VII.E to have trouble with, in

enseignement (*n.m.*) education, teaching

enseigner (*v.t.*) V.A* to teach

ensemble (*adv.*): **dans l'—** I.C on the whole

ensuite (*adv.*) II.C next, then

ensuivre (**s'**) (*v.pr.*): **il s'ensuit que** IV.E it follows that

entendre (*v.t.*): **— dire que** II.B*, V.A* to hear that

— par IV.C to mean by

— parler de III.D* to hear of

laisser — II.B to imply, to insinuate

s'— (*v.pr.*) III.B* to get along

enthousiaste (*adj.*) II.H enthusiastic; (*n.*) enthusiast

entièrement (*adv.*) I.E* completely

entraîner (*v.t.*) VII.E to bring about, to involve

s'— (*v.pr.*) to train, to practice

entreprendre (*v.t.*) VII.B to undertake

énumérer (*v.t.*) to count, to list

envers (*prép.*) III.B* toward

envie (*n.f.*): **avoir — de** II.H to want

environ (*adv.*) I.E about, approximately

envisager (*v.t.*) VII.A to foresee

—de VII.A to plan to, to intend to

époque (*n.f.*) VI.A* period, time, age

époux(se) (*n.*) spouse

éprouver (*v.t.*) III.C to feel, to experience

erreur (*n.f.*) mistake

faire une — V.E* to make a mistake, an error

erroné (*adj.*) V.E mistaken, false

espérer (*v.t.*) VII.A* to hope

espion (*n.m.*) spy

espoir (*n.m.*): **dans l'— de** VII.A in the hope of

essayer (*v.i.*) VII.D* to try

essence (*n.f.*) gasoline

estime (*n.f.*): **avoir de l'— pour** III.D* to have respect for

estimer (*v.t.*) IV.D* to be of the opinion

et...et (*conj.*) I.C both . . . and

établir (*v.t.*) to establish

étape (*n.f.*) I.B stage, phase

étonner (*v.t.*) to surprise

il serait étonnant que II.F I would be surprised if

être (*v.i.*) to be

c'est I.A it is

c'est que... I.A the reason is that

en — à I.E to have come to, to have gotten to (in a project)

est-ce I.A is it

— à qqn de VII.G it's up to . . . to

— pour beaucoup dans VII.G to have a great deal to do with

n'y — pour rien VII.G to have nothing to do with it

événement (*n.m.*) VI.G event

éventuel (*adj.*) VI.E possible

éventuellement (*adv.*) VI.E possibly, should the occasion arise

évidemment (*adv.*) V.G* obviously

évident (*adj.*) II.I, V.G* obvious, clear

éviter (*v.t.*) to avoid

évoluer (*v.i.*) VI.F to evolve

exact (*adj.*) IV.D, V.E correct

il est — que II.I it is true that

exception (*n.f.*): **— faite de** I.C with the exception of

exemple (*n.m.*): **par —** I.C*, II.C for example

exercer (*v.t.*): **— une influence sur** VII.F to exert one's influence on

exigeant (*adj.*) VII.H demanding

exiger (*v.t.*) VII.H to require, to demand

expliquer (*v.t.*) II.C to explain

exposé (*n.m.*) report, statement, account

faire un — sur II.C* to (do a) report on; to read a paper on

exposer (*v.t.*): **— une question, un problème** II.C* to set forth, to report on

exposition (*n.f.*) exhibition

exprès (*adv.*) VII.A on purpose

exprimer (*v.t.*) to express

s'— mal II.B to express oneself poorly

s'— bien II.B to express oneself clearly, well

fâché (*adj.*) angry

être — de II.E to be angry about

être — que II.E to be angry that

fâcher (se) (*v.pr.*) II.G to get angry; to break off

— contre to get angry at

— avec to break up with

facile (*adj.*): **—à vivre** easy to get along with

faciliter (*v.t.*) VII.C to make easier

façon (*n.f.*) VII.C* way, manner

de toute — II.I at any rate

parler d'une — II.B to speak in a . . . manner

sans — III.B casual, informal

facultatif (*adj.*) VII.H optional

faillir (*v.i.*) I.E nearly, almost to (do something)

avoir failli to have almost (done something)

faire (*v.t.*) to make, to do

— + inf. I.D to make, to cause + *verbe*; to have + *p.p.*

— de VI.F* to make . . . of (someone, something)

— faire I.D to have something done or made

— le bilan IV.E to look at the overall picture

— le... V.F to act like a . . .

— un changement VI.F to make a change

être fait de I.A to be made of, to consist of

fait (*n.m.*) fact

à cause du — que VII.F because of the fact that

en — V.D actually

le — est que V.E the fact is that

malgré le — que despite the fact that

falloir (*v. impers.*) I.F, VII.H* to be necessary, to have to

— à qqn I.F to need

il faut it is necessary

il ne faut pas one should not, must not

familier (*adj.*): **langue familière** colloquial language (used in conversation but not in writing)

faute (*n.f.*) lack; fault

— de I.F, VII.C for lack of

— de mieux I.F for lack of something better

être la — de VII.G to be the fault of

faux (*adj.*) V.E* false; IV.D*, V.E wrong, incorrect

sonner — V.E not to ring true

favorable (*adj.*): **être — à qqch.** II.E to be in favor of

fidèle (*adj.*) faithful

fier: se — à to have confidence in, to trust

figuré (*adj.*) I.B figurative (sense, meaning)

figurer (*v.i.*) to appear

fin (*adj.*) clever; (*n.*) end

en — de compte IV.E all told

financier (*adj.*) financial

finir (*v.t.*) VII.D* to finish, to end

— par VI.F, VII.F to end up

fleur: sensibilité à — de peau III.C extreme sensitivity

fois (*n.f.*) VI.A* time

à la — VI.A at once, at the same time

encore une — VII.B once more, one more time

N — sur N I.E* N times out of N

fonctionner (*v.i.*) I.D* to work, to function

fond (*n.m.*) I.B content, substance

au — IV.E after all, basically

for (*n.m.*): **en mon (son) — intérieur** III.C deep down, in my (his, her) heart of hearts

force (*n.f.*): **à — de** VII.E by dint of

formaliste (*adj.*) III.B formal

formation (*n.f.*): **avoir une bonne —** V.C to have a good education, training, background

forme (*n.f.*) I.B form

formé (*adj.*): **être bien —** V.C to be well-educated, well-trained

formule (*n.m.*) set form, expression

fou (*n.m.*) madman; (*adj.*) crazy

foyer (*n.m.*) hearth, home

franc (*adj.*) honest, frank

frein (*n.m.*) brake

fuir (*v.t.*) to run away from

fumer (*v.i. et t.*) to smoke

fur (*n.m.*): **au — et à mesure que** V.C as (progressively, proportionally)

gâcher (*v.t.*) VI.F to spoil, to ruin

gagner sa vie to support oneself

garder (*v.t.*): **— le silence** II.B to keep still

gaspiller (*v.t.*): **— son temps** VI.D to waste time

gêné (*adj.*) III.B bothered, ill at ease

gêner (*v.t.*) III.B to disturb, to bother

genre (*n.m.*) gender

gérondif (*n.m.*) [en + *participe présent*] gerund, gerundive

goût (*n.m.*) taste

grâce (*n.f.*): **— à** VII.C thanks to

graduellement (*adv.*) VI.C gradually

grandir (*v.t.*) VI.F to grow, to increase

grève (*n.f.*) strike (labor)

grossier (*adj.*) vulgar

guérir (*v.i.*) to get better, to be cured

habitude (*n.f.*): **d'—** I.E*, VI.D usually

avoir l'— de VI.C to be in the habit of, to do usually

haine (*n.f.*) hatred

haïr (*v.t.*) to loathe

hasard (*n.m.*): **par —** VI.G* by chance

haut: des —s et des bas ups and downs

hautain (*adj.*) lofty

hésiter (*v.i.*) VII.A to be reluctant, to hesitate

heure (*n.f.*): **à l'—** VI.B* on time

hier (*adv.*) VI.B yesterday

histoire (*n.f.*) story; history

honnête (*adj.*) honest

horaire (*n.m.*) schedule
horreur (*n.f.*): **avoir — de** II.H to hate, to detest
humeur (*n.f.*) mood
hypersensible (*adj.*) III.C oversensitive

ignorer (*v.t.*) V.C* not to know, to be unaware of
il y a there is, there are; VI.A* ago
 —...que VI.D it has been ... since
 — X et X IV.B there's X and X (X means more than one thing)
 il doit y avoir V.D there must be
 il y en a qui IV.B there are some (people) who
imaginer (s') (*v.pr.*) V.D to imagine
immeuble (*n.m.*) building
immigré (*adj.*) immigrant
 travailleurs —s immigrant laborers
immobile (*adj.*): **être, rester —** VI.H* to keep, to hold still
importance (*n.f.*) II.D, IV.C importance
importer (*v.i.*): **— peu** IV.C to be of little importance
 peu — (à) II.H not to matter (to)
 peu importe(nt) VI.E whatever the ...
 n'importe quoi anything
impôt (*n.m.*) tax
impression (*n.f.*): **avoir l'— que** II.A to have the feeling that
 donner l'— de V.F to give the impression of
imprimer (*v.t.*) to print
imprimerie (*n.f.*) printer's, printing house
inaperçu (*adj.*): **passer —** V.B. to go unnoticed
inattendu (*adj.*) unexpected
incontestable (*adj.*) II.I, V.G unquestionable, beyond question
inconvénient (*n.m.*) VII.C disadvantage
indifférent (*adj.*): **laisser qqn —** II.H to leave someone indifferent, cold
indispensable (*adj.*) VII.H indispensable, essential
inévitable (*adj.*) VI.G inevitable
inexact (*adj.*) IV.D, V.C incorrect, inaccurate
influence (*n.f.*): **avoir une — sur**

VII.F* to influence
exercer une — sur VII.F to exert one's influence on
influencer (*v.t.*) VII.F* to influence
informations (*n.f. pl.*) news, newscast
informer (*v.t.*) V.C to inform
 s'— (*v.pr.*) to keep informed
initiative (*n.f.*): **prendre l'— de** VII.B to take the initiative to
 manquer d'— VII.B to lack initiative
inquiéter (s') (*v.pr.*) III.C to worry
insignifiant (*adj.*) IV.C insignificant, trivial
insister (*v.i.*): **— sur** II.D to emphasize, to stress
 — pour que II.D to insist that
insu: à l'— de V.C without the knowledge of
insuffisant (*adj.*) I.F* insufficient, inadequate
insulter (*v.t.*) III.E* to insult
insupportable (*adj.*) III.B intolerable, unbearable
intégrant (*adj.*): **faire partie —e de** I.C to be an integral part of
intenable (*adj.*) untenable
intention (*n.f.*): **avoir l'— de** VII.A to intend to, to plan to
interdire (*v.t.*) VII.H to forbid, to prohibit
interdit (*adj.*) VII.H prohibited, forbidden
intéressé (*adj.*) concerned, implicated; self-seeking
intéresser (*v.t.*) II.H to interest
 s'— à II.H* to be interested in
intérieur: en mon (son) for — III.C deep down
intrigant(e) (*n.*) schemer
inutile (*adj.*): **— de dire** V.G needless to say
 — d'ajouter V.G needless to add
invité (*n.m.*): **avoir des —s** III.A to have guests
ivre (*adj.*) drunk

jamais (*adv.*): **ne...—** I.E*, VI.C* never
jeunes (*n.m. pl.*) young people
jour (*n.m.*) day
 ce — là VI.B (on) that day
 de nos —s VI.B nowadays
 le — même VI.B that (very) day
 le — où VI.A* the day when
 tous les —s I.E* every day
jugement (*n.m.*): **porter un — sur** IV.D to give an opinion on

jusque (*prép.*): **jusqu'à** until, up to
 — à ce que VI.D*, VII.A until
 — alors VI.B until then
 — ici VI.B until now
 — à présent till now
 — à quel point I.E up to what point, just how much
juste (*adj.*) IV.D*, V.E correct, right; V.F just, equitable
 sonner — V.E to ring true

laisser (*v.t.*) to let, to leave
 — entendre II.B* to imply, to insinuate
 — indifférent II.H to leave indifferent, cold
 — tranquille to leave alone, in peace
 se — faire VII.B to offer no resistance, to let oneself be ...
langue (*n.f.*) language
 — courante everyday usage
 — familière colloquial language (used between friends, but not in writing)
 — soignée polished, elegant style
lapsus (*n.m.*) slip of the tongue
laver: s'en — les mains VII.G to wash one's hands of it
le +adj. ou nom: —, ...c'est I.D* what is ... is, the ... is
lecture (*n.f.*) reading
légume (*n.m.*) vegetable
lendemain (*n.m.*) VI.B the next day
lequel (*pron.*) (*f.* **laquelle**, *m. pl.* **lesquels**, *f. pl.* **lesquelles**) I.A* which one, which
liant (*adj.*): **être très —(e)** to be very sociable
lier (se) (*v.pr.*): **— facilement** III.B to make friends easily
 — difficilement III.B to have difficulty making friends
lieu (*n.m.*) place
 avoir — VI.G* to take place, to occur
 en premier (deuxième) — II.C* in the first (second) place
 en dernier — II.C* finally
locution (*n.f.*) phrase, idiom
lorsque (*adv.*) VI.A when
louer (*v.t.*) IV.D to praise
loyer (*n.m.*) rent
lumière: mettre en — II.C to bring to light, to attention

main: entre les —s de VI.G in the hands of

mais (*conj.*) II.I* but

maison (*n.f.*): **à la —** at home — **particulière** single-family home

mal (*adj.*): **de — en pis** VI.F from bad to worse — **à l'aise** (*adv.*) ill at ease **avoir du — à** (*n.m.*) VII.E to have difficulty in **se donner du — pour** VII.D to take pains to

malgré (*prép.*) VII.F* in spite of

malheureusement (*adv.*) IV.D* unfortunately

malotru (*n.m.*) ill-bred person, boor

malpropre (*adj.*) dirty

manie (*n.f.*) mania, idiosyncracy

manière (*n.f.*) VII.C* way, manner

manifestation (*n.f.*) demonstration

manifestement (*adv.*) V.G obviously, clearly

manifester (*v.i.*) to demonstrate

maniment (*n.m.*) handling

mannequin (*n.m.*) fashion model

manque (*n.m.*) I.F lack

manqué (*adj.*) VII.E unsuccessful

manquer (*v.i.*) I.F* to be lacking — **de** I.F to lack — **son but** (*v.t.*) VII.E to fail to reach one's goal — **d'initiative** VII.G to lack initiative

marche: en — moving

marcher (*v.i.*) I.D* to work, to be working **faire — qqn** (*fam.*) III.E to pull (someone's) leg

marque (*n.f.*) brand

match (*n.m.*) game (tennis, soccer, etc.)

mauvais (*adj.*): **n'être pas —** IV.D to be not bad **être la —e (chose)** V.E to be the wrong (thing)

mécanicien (*n.m.*) mechanic

mécontent (*adj.*) II.E displeased, unhappy

mécontenter (*v.t.*) II.E to displease

médicament (*n.m.*) medicine

médire (*v.i.*): **— de** III.E to speak ill of, to run down, to gossip

méfier (se) (*v.pr.*) II.F to mistrust

mêler (se) (*v.pr.*) to interfere with

même (*adj.*) same **le — que** (*n.*) IV.B* the same as

de — que...de —... (*adv.*) IV.B (just) as . . . so — **si** II.I* even if

mener (*v.t.*): **— à bien** VII.E to carry out (successfully)

mensonge (*n.m.*) V.E* lie **dire un —** to tell a lie

mensonger (*adj.*) V.E false, untrue

mention (*n.f.*): **faire — de** II.C* to mention

mentionner (*v.t.*) II.C* to mention, to name

mentir (*v.i.*) V.E* to lie

mépriser (*v.t.*) III.E* to despise

mesure: dans la — où I.E, II.C to the extent that

mettre (*v.t.*): **— l'accent sur** II.D to stress — **qqn en colère** II.G* to make (someone) angry **se — à** (*v.pr.*) VII.B to begin, to start **se — en avant** III.D to show off **se — en colère** II.G* to get angry

mieux (*adv.*) better **de — en —** VI.F better and better **faire de son —** VII.D to do one's best

mièvre (*adj.*) affected, effete

milieu (*n.m.*) environment

mise en relief (*n.f.*) emphasis

mise en scène (*n.f.*) direction (play, film)

M.L.F. Women's Liberation Movement

mode (*n.m.*) mood (of a verb)

moi (*n.m.*) III.C self, ego

moins (*adv.*) IV.A* less **—...—** VI.C* the less ... the less **à — que** VI.E* unless **de — en —** VI.C less and less

moment (*n.m.*) VI.A* moment **à ce — là** I.B at that time, then **au bon —** VI.G just in time **au — où** VI.A* when, at the moment that, just when **en ce —** VI.B*, VI.B now, at the present time

monde (*n.m.*): **tout le —** I.C* everyone

montrer (*v.t.*) V.G* to show

moquer (se) (*v.pr.*): **— de** III.E* to make fun of, to laugh at

moral (*n.m.*): **au —** I.B mentally, as to character, psychologically

morale (*n.f.*) morals

moralement (*adv.*) mentally, emotionally

mot (*n.m.*) word **avoir des —s** II.G to have words with someone **échanger des —s** II.G to exchange words, to have an argument **en un (deux) —(s)** IV.E in short, in a word

motif (*n.m.*) motive

moyen (*n.m.*) VII.C means, method **au — de** VII.C by means of

muet (*adj.*) mute, speechless **le cinéma —** the silent cinema

naissance (*n.f.*) birth

natation (*n.f.*) swimming

néanmoins (*adv.*) II.E nevertheless

nécessaire: n'être pas — (de) VII.H* not to be necessary (to)

ni (*conj.*): **ni...ni...(ne)** I.C, IV.A neither . . . nor

niveau (*n.m.*) I.B* level

nombre (*n.m.*) number

non plus I.C* neither, (not) either

note (*n.f.*) grade

nourrir (*v.t.*) to feed

nouveau (*adv.*): **de —** VII.B again

nu (*adj.*) nude

nuire (*v.i.*) to be harmful, injurious

obligatoire (*adj.*) VII.H required

obliger (*v.i.*) VII.H to oblige, to make

obligé: être — de VII.H to have to **n'être pas — de** VII.H* not to have to

obstacle (*n.m.*): **surmonter un —** VII.E to overcome an obstacle

occasion (*n.f.*) opportunity **à chaque —** VI.C at every opportunity **avoir l'— de** VI.G* to have an (the) opportunity, a chance to **saisir l'— de** VII.B to take the opportunity to

occuper (s') (*v.pr.*): **— de** VII.G* to take care of, to see to

oeil (*n.m.*) (*pl.* **yeux**) eye **voir qqch. du meme —** II.B to see eye to eye **aux yeux de** II.A in the opinion of

310

sauter aux yeux V.G   to be obvious that

omettre (*v.t.*)   to leave out

ONU   United Nations

opportun (*adj.*)   opportune, timely

opportunité (*n.f.*)   expediency, timeliness

opposer (s') (*v.pr.*): **— à** II.E   to be opposed to

ordinateur (*n.m.*)   computer

ordre (*n.m.*): **de premier —** VI.D first-rate

orthographe (*n.f.*)   spelling

oser (*v.i.*) VII.B   to dare

ou (*conj.*): **ou...ou** IV.A   either . . . or

où (*adv.*)   where; (*pron.*)   where, when

OVNI (*objet volant non-identifié*)   unidentified flying object

panne (*n.f.*): **être en —** I.D   to be out of order

  tomber en — I.D   to break down

paraître (*v.i.*) V.F   to seem

  il paraît que   they say, I've heard

parce que (*conj.*) I.A*, VII.F*   because

pareil (*adj.*) IV.B   the same

parler (*v.i.*) II.B*   to talk, to speak

  — de choses et d'autres II.B to make small talk

  — sérieusement II.B   to talk seriously, to be serious

parole (*n.f.*)   word

  tenir — VII.G   to keep one's word

part (*n.f.*): **à —**   except for, aside from

  d'autre — II.C   besides

  d'une —...d'autre — IV.A   on the one hand . . . on the other hand

parti (*n.f.*): **prendre — pour** II.E to side with

participe (*n.m.*)   participle

participer (*v.t.*) I.C   to participate, to share in

partie (*n.f.*) I.B*   part

  faire — de I.C   to be a part of, to belong to

  en — I.E   partly, in part

partir: à — de VI.B, VI.D*   starting from, beginning with

partisan(e, te) (*n.*)   supporter

  être — de II.E   to support, to be in favor of

parvenir (*v.i.*) VII.E   to succeed, to reach

pas: ne...— du tout I.E*   not at all

passer (*v.i.*): **— pour** V.F   to seem to be, to pass for

  — prendre qqn III.F   to stop by for, to pick up

  — sous silence II.B   to make no mention of

  se — (*v.pr.*) IV.G*   to happen

  se — de VII.C   to do without

passionnant (*adj.*)   exciting, fascinating

patron (*n.m.*)   boss

P.d.g. (*président directeur général*) president, chairman of the board

peau (*n.f.*)   skin

peine (*n.f.*): **à —** I.E   hardly

  ne valoir pas la — IV.D   not to be worth the trouble

  — de mort   capital punishment

pendant (*prép.*) VI.D*   during

pendule (*n.f.*)   clock

penser (*v.i.*)   to think

  faire — à (qqn) IV.B   to remind . . . of (someone)

  — de II.A*   to have an opinion of, on

périr (*v.i.*)   to perish, to die

permettre (*v.t.*) I.D*, VII.H   to allow, to permit

permis (*adj.*) VII.H   permitted, allowed

perplexe: laisser — V.B*   to confuse, to puzzle

personne (*pron.*): **— ne** I.C* no one

personnage (*n.m.*)   character (in a play, film, etc.)

petit(e) ami(e) (*n.*)   boyfriend, girlfriend

pétrole (*n.m.*)   oil

peu (*adv.*): **— de** I.C*   little, not much, few

  à — près I.E   nearly, about

  importer — IV.C   to be of little importance

  — à — VI.C   little by little

peut-être (*adv.*) VI.E*   perhaps, maybe

phallocrate (*n.m.*)   sexist, male chauvinist

physique (*n.m.*): **au —** I.B   physically

plaindre (*v.t.*) III.C*   to pity, to feel sorry for

  se — (*v.pr.*) IV.D   to complain

plaire (*v.i.*): **— à** II.H*   to be pleasing to

(qqch.) lui plaît   he likes . . .

plaisanter (*v.i.*) II.B   to joke

plan (*n.m.*): **sur le — de** I.B   from the point of view of

pléonastique (*adj.*)   redundant

plupart (*n.f.*): **la — de(s)** I.C* most of, the majority of

  pour la — I.C   for the most part

plus (*adv.*) IV.A*   more

  de — II.C   besides, in addition

  de — en — VI.C   more and more

  ne...— VI.D*   no longer

  non — I.C*   neither, either

  —...— VI.C*   the more . . . the more

poids (*n.m.*) IV.C   weight, import

point (*n.m.*): **à — nommé** VI.G just at the right time

  — de vue II.A   point of view

  sur le — de VI.B   on the verge of

politique (*n.f.*)   politics

  la — extérieure   foreign policy

pompier (*n.m.*)   fireman

portée (*n.f.*) IV.C   import

portemanteau (*n.m.*)   coat rack

poser (*v.t.*): **— le problème (de)** II.C   to raise the question (of)

  se — des questions II.F   to have questions about

possible (*adj.*): **c'est —** VI.E   it is possible

  faire tout son — pour VII.D   to do everything one can for, to

poste (*n.m.*)   position, job

pour (*prép. et n.m.*) VI.D*   for (a period of time); VII.A*   for, in order to

  être — qqch. II.E*   to be for, in favor of, something

  peser le — et le contre IV.E   to weigh the pros and cons

  — ce qui est de I.A   as for, as to

  — que VII.A*   in order to, so that

pourquoi (*adv. et conj.*) I.A*   why

  c'est —, voilà — VII.F   that is why

pourvu que (*conj.*) VI.E   provided that

pousser (*v.t.*) VII.F   to urge, to induce

pouvoir (*v.tr.*) VII.E*   to be able to

  comme on peut VII.D   as best as one can

  faire ce qu'on peut VII.D   to do what one can

il se peut que VI.E   it may be that

préciser (*v.t.*)   to specify

préférer (*v.t.*) II.H   to prefer

préjugé (*n.m.*): **avoir des —s contre** II.A   to be prejudiced against

premier: de — ordre IV.D   first-rate

prendre (*v.t.*)   to take
  à tout — IV.E   on the whole
  passer — III.F   to stop by for
  —mal III.E   to take ill, to be offended
  s'en — à II.G   to find fault with, to blame
  se — au sérieux III.D   to take oneself seriously
  se — pour III.D, V.F   to take oneself for
  pour qui se prend-il?   Who does he think he is?

préposition (*n.f.*)   preposition

près: à peu — I.E   nearly, approximately

présager (*v.t.*)   to foresee

présent: à — VI.B   at present, now

présenter (*v.t.*) III.A*   to introduce
  — l'avantage de, l'inconvénient de VI.C   to have, to offer, the advantage, disadvantage of

presque (*adv.*)   I.E*   almost, nearly

ne... — pas I.E   hardly

pression (*n.f.*)   pressure

prétendre (*v.t.*) II.B*   to claim

prétendu (*adj.*) III.D, V.D   supposed, so-called

prétexte (*n.m.*): **sous — de, que** VII.A   on the pretext of, that

preuve (*n.f.*): **en avoir la —** V.G   to have proof of it
  la — en est que V.G   the proof is that

prévenir (*v.t.*) V.D   to warn, to inform
  être prévenu en faveur de II.A   to be partial to
  être prévenu contre II.A   to be prejudiced against

principe (*n.m.*): **en —** V.D   in principle, theoretically

priver (*v.t.*): **être privé de** I.F   to be without

prix (*n.m.*)   price, prize

problème: poser le — (de) II.D   to raise the question of

procédé (*n.m.*)   I.D   device, method

procès (*n.m.*)   (court) trial

processus (*n.m.*) I.D   process

produire (*v.t.*) VII.F   to produce
  se — (*v.pr.*) VI.G   to occur, to happen

profiter: — de VII.C   to make use of, to put to use, to benefit from

progrès (*n.m.*): **faire des — dans** VI.F   to make progress in

progresser (*v.i.*) VI.F   to progress

progressivement (*adv.*) VI.C   progressively

projet (*n.m.*)   plan

projeter (*v.t.*): **— de** VII.A   to plan to

promesse (*n.f.*): **tenir sa —** VII.G   to keep one's promise

promettre (*v.t.*) VII.G   to promise

promotion (*n.f.*)   advancement

prononcer (**se**): **— sur** IV.D   to express, to give, one's opinion on

propos (*n.m.*): **à — de** I.A   about, with respect to

proposition (*n.f.*)   clause
  — principale   main clause
  — subordonnée   subordinate clause

propriété (*n.f.*)   ownership, property

prouver (*v.t.*) V.G*   to prove

provoquer (*v.i.*) VII.F   to bring about, to cause

puisque (*adv.*) VII.F   since, as

qualifier (*v.t.*)   to modify

quand (*adv.*) VI.A   when, whenever

quant (*adv.*): **— à** I.A   as for, with regard to

que (*pron. rel.*) I.A*   what
  ce — II.D*   what, that which
  —...ou VI.E   whether ... or (whether)
  — je sache II.A   as far as I know

quel(le) (*adj.*) I.A*   which, what
  quel que soit VI.E   whatever (it) may be

quelconque (*adj.*) IV.D   ordinary, mediocre

quelque chose (*n.m.*): **— de** I.C   something ...

qui (*pron. rel.*) I.A*   who, which
  ce — I.D*   that which, what

quitter (*v.t.*)   to leave

quoi (*pron. rel.*): **— qu'il en soit** II.I   be that as it may
  n'importe —   anything

quoique (*conj.*)   II.I   although, though

raccompagner (*v.t.*) III.A   to take home, to see home

raison (*n.f.*): **avoir —** V.E*   to be right

ralentir (*v.t.*) VI.H   to slow down

ranger (*v.t.*): **— ses affaires**   to put away one's things

rapide VI.H*   rapid, fast

rapidement VI.H*   quickly, fast

rappeler (*v.t.*) II.D   to call to mind, to attention
  Y rappelle X IV.B   Y makes one think of, reminds one of, X

rapport (*n.m.*)   relation
  n'avoir aucun — avec IV.B   to have nothing to do with
  par — à IV.A   in comparison with, compared to

rapprocher (*v.t.*) IV.A   to compare; to bring together

rarement (*adv.*) I.E*, VI.C   rarely, seldom

ravi (*adj.*): **être — de** II.H   to be delighted to

réaliser (*v.t.*)   to achieve

récemment (*adv.*) VI.B*   recently, lately

recevoir (*v.t.*) III.A   to receive guests, to entertain

recherche (*n.f.*)   research
  à la — de   looking for

recherché: style —   highly polished style

récit (*n.m.*)   narration, account

réconcilier (**se**) (*v.pr.*) II.G   to become friends again, to make up

reconnaissant: être —   to appreciate, to be grateful

reculer (*v.t.*) VI.H   to move back, to back up

redouter (*v.t.*): **— de** VII.A   to be afraid of

réflexion (*n.f.*): **— faite** IV.E   all things considered

refuser (*v.t.*) II.E*   to refuse

regarder (*v.t.*): **— qqn** VII.G   to be someone's business

régler la note   to pay the bill

relation (*n.f.*): **entrer en —s avec qqn** III.B   to become friends with, to be in contact with

remarquable (*adj.*) IV.D   remarkable, noteworthy

remarquer (*v.t.*) V.A   to notice, to note

remercier (*v.t.*)   to thank

remplacer (*v.t.*) to take the place of

remuer VI.H* to move, to stir

rendez-vous (*n.m.*) III.A* date, appointment

  prendre — III.A to make an appointment, a date

  se donner — III.A to make an appointment to meet

rendre (*v.t.*) VI.F* to make; to give back

  — difficile VII.C to make difficult, to complicate

  se — compte de V.B.* to realize

renforcer (*v.t.*) I.D to reinforce

renoncer (*v.i.*) VII.D* to give up

renseigné (*adj.*): **être — sur** V.C to be informed about

renseigner (*v.t.*) V.C to inform

  se — sur (*v.pr.*) V.C to find out about, to be informed about

rentrer (*v.i.*) VI.H* to go home, to come home

repas (*n.m.*) meal

répéter (*v.t.*) to rehearse

représenter (*v.t.*) IV.C to represent

reprocher (*v.t.*) II.G*, IV.D to reproach, to criticize

réservé (*adj.*) III.B shy, reserved

résister (*v.i.*) VII.E to resist

résolu (*adj.*) VII.A resolved

résoudre (*v.t.*): **— un problème** VII.E to solve a problem

respecter (*v.t.*) III.E* to respect

responsable (*adj.*): **être —** VII.G* to be responsible

  se sentir — VII.G* to feel responsible

ressembler (*v.i.*) IV.B* to resemble

  se — (*v.pr.*) IV.B* to look like each other

ressortir (*v.i.*): **il en ressort que** IV.E it follows that

rester (*v.i.*) VI.F* to stay

  — sceptique II.F not to be convinced

  reste à savoir si II.I it remains to be seen whether

résulter (*v.i.*): **il en résulte que** IV.E it follows that; VII.F the result is

retard (*n.m.*) slowness, ignorance

  en — VI.B* late

retourner (*v.i.*) VI.H* to go back, to return

réussi (*adj.*) VII.E successful

réussir (*v.i.*) VII.E* to succeed

réussite (*n.f.*) VII.E success

  une grande — a big success

revanche (*n.f.*): **en —** IV.A on the other hand

révéler (*v.t.*) II.B to reveal

revendication (*n.f.*) (workers') demand

revenir (*v.t.*) VI.H* to come back, to return

  cela revient au même IV.B it comes down to the same thing

rhume (*n.m.*) cold

ridicule (*n.m.*): **tourner en —** III.E to hold up to ridicule

ridiculiser (*v.t.*) III.E to ridicule, to make fun of

rien (*pron.*) nothing

  il n'en est — IV.B not at all, it isn't so

  n'avoir — à voir avec IV.B to have nothing to do with

  ne — comprendre V.B. not to understand at all

  n'y être pour — VII.G to have nothing to do with it

  — de I.C nothing (+*adj.*)

risquer (*v.t.*): **— de** VI.E to run the risk of, to be likely to

sage (*adj.*) good, well-behaved

sain (*adj.*) healthy

saisir (*v.t.*): **— le sens de** V.B to grasp the meaning of

saluer (*v.t.*) II.A to greet

sang-froid (*n.m.*) self-control

satisfait (*adj.*) II.E satisfied

sauf (*prép.*) I.C* except for

sauter (*v.i.*): **— aux yeux** V.G to be obvious

  cela saute aux yeux it is obvious, what could be more clear

savant (*n.m.*) scholar, scientist

savoir (*v.t.*) V.C* to know, to be aware; VII.E* to know

  — pourquoi V.C* to know why

  faire — V.C to inform, to let someone know

  avoir su V.A to have found out

  que je sache II.A as far as I know

sceptique (*adj.*): **être —, rester —** II.F to be, to remain, skeptical

selon (*prép.*) according to

semaine (*n.f.*) VI.B week

  cette — (là) this week (that week)

  la — d'avant the week before

  la — d'après the week after

  la — dernière last week

  la — précédante the week before

  la — prochaine next week

  la — suivante the next week

semblable (*adj.*) IV.B* alike, similar

  — à IV.B* like, similar to

semblant (*n.m.*): **faire —** V.F to pretend

sembler (*v.i.*) V.F to seem, to appear

  il me semble que II.B* it seems to me that

  il semble que V.G* it seems that

sens (*n.m.*) IV.C* meaning, significance

  bon — common sense

  en ce — que II.C in the sense that

  en quel — IV.C in what sense

  n'avoir aucun — IV.C to make no sense

  saisir le — de V.B to grasp the meaning of

  — figuré I.B figurative meaning

  au sens figuré figuratively, metaphorically

  — propre I.B literal meaning

  au sens propre literally

sensé (*adj.*) sensible

sensibilité (*n.f.*) sensitivity

  avoir une — à fleur de peau III.C to be touchy, to be overly sensitive

sensible (*adj.*) III.C* sensitive

sentimental (*adj.*) III.C* sentimental; (*n.*) III.C* a romantic

sentir (se) (*v.pr.*) to feel

sérieux (*adj.*): **se prendre au —** III.D to take oneself seriously

servir (*v.t.*): **— à** I.D* to be used to, for

  se — de I.D* to use, make use of

seul (*adj.*): **une chambre —e** a single room

si (*conj.*) V.D*, VI.E* if; whether

  —...c'est que II.I if ... it is because, the reason ... is ...

  — je me souviens bien II.A if I remember correctly

  — je ne me trompe II.A if I'm not mistaken

signaler (*v.t.*) II.D to point out

significatif (*adj.*) IV.C significant

signification (*n.f.*) meaning

signifier (*v.t.*) IV.C* to mean

silence (*n.m.*): **garder le —** II.B to keep still

simple (*adj.*) III.B simple, unaffected

simpliste (*adj.*) simplistic

sincère (*adj.*) V.E honest, sincere

société (*n.f.*): **vie de —** social life

soigner (*v.t.*) to take care of
  langue soignée polished style
  soin (*n.m.*) care, treatment

soigneusement (*adv.*) carefully

soit (*adv.*): **—...—** either ... or; whether it be ... or

solution VII.E solution, answer

somme (*n.f.*): **en —** IV.E* finally, all things considered
  — toute IV.E in short, on the whole

sonner (*v.i.*): **— juste** V.E to ring true
  — faux V.E not to sound right

sorte: de — que VII.A, VII.C so that, with the result that, in such a way that, so
  en — que VII.A so that, so

sortir (*v.i.*): **— avec qqn** to go out with someone

soucoupe volante (*n.f.*) flying saucer

souhait (*n.m.*) wish

souligner (*v.t.*) II.D to underline, to emphasize

sourd (*n.m.*): **c'est un dialogue de —s** III.B they don't speak the same language

sous-entendre (*v.t.*): **sous-entendu** understood (without being said)

soutenir (*v.t.*) to support

souvenir (se) (*v.pr.*) to remember
  si je me souviens bien II.A if I remember correctly

souvent (*adv.*) VI.C* often
  le plus — VI.C usually

stade (*n.m.*) I.B. stage, phase

standardiste (*n.*) telephone operator

stationner (*v.t. ou i.*) to park

succès (*n.m.*) success
  avoir du — VII.E to be successful

suffire (*v.i.*) I.F* to suffice, to be enough
  il suffit de I.F it is enough to

suffisant (*adj.*) I.E* sufficient, enough

suggérer (*v.t.*) II.B to suggest

suite: par la — VI.B afterward

sujet (*n.m.*) subject

aborder un — II.C to approach, to deal with, a subject
  au — de I.A about, concerning

supporter (*v.t.*) III.B to tolerate, to stand

supposé (*adj.*) presumed

supposer (*v.t.*) V.C to suppose
  à — que V.D supposing that
  supposons que V.D suppose, let's suppose that

sur (*prép.*) on, about; I.E* out of
  être — I.A to be about, on
  N fois — N I.E* ... times out of ...
  — le plan I.B from the point of view of
  — le point de VI.B on the verge of
  — un ton... II.B in a ... tone of voice, manner

sûr (*adj.*) sure, certain
  n'être pas — II.F not to be sure
  bien — V.G* of course, naturally
  c'est — — V.G that is certain, clear

surgir (*v.i.*) VI.G to arise, to appear, to come up

surmonter: — un obstacle VII.E to overcome an obstacle

surlendemain (*n.m.*): **le —** VI.B two days later

survenir (*v.i.*) VI.G to happen, to arrive unexpectedly

syndicat (*n.m.*) labor union

syntaxe (*n.f.*) syntax, word order

tabac (*n.m.*) tobacco shop

table tournante (*n.f.*) seance (table)

tableau (*n.m.*) table, chart

tâche (*n.f.*) task

tâcher (*v.i.*) VII.D to try, to attempt

taire (se) (*v.pr.*) II.B to be silent, to hold one's tongue

tandis que IV.A whereas, while

tant (*adv.*): **— mieux** IV.C so
  il suffit de I.F it is enough to
  — que VI.D as long as, until
  — pis IV.C too bad, never mind

tantôt...tantôt VI.C sometimes ... at other times ...

tapis (*n.m.*) carpet

taquiner (*v.t.*) III.E to tease

tard (*adv.*) late
  trop — VI.G too late

tarif (*n.m.*) rate, fare

taux (*n.m.*) rate

téléphoner (*v.i.*) III.A to telephone, to call

téléviseur (*n.m.*) television set

témoignage (*n.m.*) testimony

témoigner (*v.t.*): **— de** V.G to be evidence of

temps (*n.m.*) tense (verb); VI.A* time, period
  assez de — pour VI.D enough time for, to
  avoir le — de VI.D to have time to
  de — à autre VI.C from time to time
  de — en temps VI.C from time to time
  en même — VI.A at the same time
  gaspiller son — (à) VI.D to waste time (in)
  passer du — (à) VI.D to spend time (in)
  perdre son — VI.D to lose time, to waste time
  prendre son — (pour) VI.H to take one's time (to, in)

tendance (*n.f.*): **avoir — à** VI.C to tend to

tenir (*v.t.*): **— compte de** to take into account
  — parole VII.G to keep one's word
  — sa promesse VII.G to keep one's promise
  — à (*v.i.*) II.H to care about; to be eager to, to insist on
  — de (*une personne*) IV.B to take after

tentative (*n.f.*): **faire une —** VII.D to make an attempt

tenter (*v.t.*) VII.D to attempt, to try

terme (*n.m.*): **en d'autres —s** II.C in other words

tête (*n.f.*): **— de turc** III.E butt, scapegoat, whipping boy

timide (*adj.*) III.B timid, shy

tire-bouchon (*n.m.*) corkscrew

tirer: se — d'affaire VII.E to pull through, to get out of a jam

titre: au même — que with the same status as

tomber (*v.i.*): **— amoureux (de)** III.C* to fall in love (with)
  — en panne I.D to break down

ton (*n.m.*): **sur un —...** II.B in a ... tone (of voice)

tort (*n.m.*): **avoir — (de)** V.E* to be wrong (to), to be in the wrong

toujours (*adv.*) I.E*, VI.C always
tour (*n.f.*) castle (chess)
tournure (*n.f.*) expression, turn of phrase
tout, toute (*pl.* **tous, toutes**) (*adj.*) every, any
  en — cas I.E in any case
  tous les I.C* every, all
  tous les (*jours, semaines, etc.*) I.E* every (day, week, etc.)
  tous les + *nombre* + *unité de temps* VI.C* every (two . . .) days, weeks, etc.
  tout le monde I.C* everyone, everybody
  faire tout son possible VII.D to do one's utmost, one's best
  (*pron.*) all, everything
  tous I.E* everyone, all
  à tout prendre VI.E on the whole
  pas du tout I.E* not at all
  (*n.m.*) I.B* the whole
  (*adv.*) all, completely, quite
  tout à fait I.E completely, altogether
  tout à l'heure VI.B a little while ago; in a little while
  tout de même II.I all the same, even so
toutefois (*adv.*) II.I however
trahir (*v.t.*) to betray
train: être en — de VI.B to be in the process of, in the midst of
traiter (*v.i.*) I.A to treat, to deal with
  — qqn de... III.E to call some-one a . . .
transformer (*v.t.*): **— en** I.D, VI.F to change . . . into
  se — VI.F to change, to be transformed
tricher (*v.i.*) to cheat
tricoter (*v.t.* ou *i.*) to knit
tromper (*v.t.*) V.F* to deceive; to be unfaithful to
  se — (dans) (*v.pr.*) V.E to make a mistake, to be wrong (in, about)
  se — de V.E to be mistaken about, to get (take, do) the wrong . . .
  se — en V.E* to be mistaken in, to be wrong to

si je ne me trompe II.A if I'm not mistaken
trompeur (*adj.*) V.E, V.F (deliberately) misleading, false
trop (*adv.*) I.F* too much, too many
  — peu I.F* too little, too few
  — tard VI.G too late
trouver (*v.t.*) to find; IV.D* to think, to feel
turc: tête de — III.E butt, scape-goat, whipping boy

vague: La Nouvelle Vague the New Wave (of French cinema in the 50s and 60s)
valable (*adj.*) IV.C valid, worthwhile, good
valeur (*n.f.*) worth
  sans aucune — IV.D worthless
valoir (*v.i.*) IV.B to be worth
  ne — pas grand-chose IV.D not to be worth much
  ne — pas la peine IV.D not to be worth the trouble
  se — (*v.pr.*) IV.B to be of equal value, to be as good as
  — mieux IV.D* to be better
vanter (*v.t.*) III.D to brag about, to praise
  se — III.D to boast
vedette (*n.f.*) star (of cinema, theatre)
veille (*n.f.*) VI.B the day before, the eve
veilleur de nuit night watch-man
venir: aller et — VI.H to come and go
  en — à VI.F to come to, to reach
  — de VI.B* to have just
  — voir III.A* to come to see
véridique (*adj.*) V.E truthful
véritable (*adj.*) V.F true, genuine, real
vérité (*n.f.*): **dire la —** V.E* to tell the truth
verre (*n.m.*) glass
virgule (*n.f.*) comma
vis-à-vis (de) III.B in regard to
viser (*v.t.*) VII.A to aim at, to aspire to

visite (*n.f.*): **rendre — à** III.A* to pay a visit to
visiter (*v.t.*) to visit, to tour (a city, museum, etc.)
vite (*adv.*) VI.H* quickly, fast
voilà (*prép.*) there is, there are
  — ce qui II.D that is what
  — pourquoi II.D that is why
  — + *laps de temps* **que** VI.D it has been . . . since
voile (*n.f.*): **bateau à —** sailboat
  faire de la — to go sailing
voir (*v.t.*): **aller —** III.A* to go to see, to visit
  cela se voit V.G that can easily be seen, is obvious
  n'avoir rien à —avec IV.B to have nothing to do with
  venir — III.A* to come to see, to visit
  se — (*v.pr.*) V.G to be obvious
vol (*n.m.*) flight; theft
voleur (*n.m.*) thief
volontiers (*adv.*) II.H gladly, with pleasure
vouloir (*v.t.*) VII.A* to want, to wish
  en — à qqn (de) II.G, III.B to have a grudge against, to hold it against, to be mad at, some-one
  — bien II.E to agree to
  — dire I.A*, II.C*, IV.C* to mean
  ce qui veut dire que II.C* which means, in other words
  je veux dire par là que II.C* by that I mean
  ne — rien dire IV.C to be meaningless
voyons (*inter.*) see here
vrai (*adj.*) V.E* true
  à — dire V.E to tell the truth, as a matter of fact
vue (*n.f.*): **à première —** V.F at first sight
  en — de VII.A in order to, with an eye to
  perdre de — III.A to lose touch with

y compris I.C including
yeux: see *oeil*

Illustration Credits

A 0
B 1
C 2
D 3
E 4
F 5
G 6
H 7
I 8
J 9